indayi

i

edition

Besuche uns im Internet:

www.indayi.de

Bibliografische Information der Deutschen Nationalbibliothek:

Die Deutsche Nationalbibliothek verzeichnet diese Publikation in der Deutschen National-
bibliografie; detaillierte bibliografische Daten sind im Internet über http://dnb.d-nb.de
abrufbar.

2. Auflage Februar 2016

© indayi edition, Darmstadt

Bildnachweis: © Orlando Florin Rosu – fotolia.de

Umschlaggestaltung, Satz und Lektorat: Birgit Pretzsch

Printed in Germany

ISBN-13: 978-3-946551-43-0

SMART COACHING, COACHING LIGHT

Ich lese deine Gedanken

GESTEN, WORTE, GEFÜHLE,
die dich verraten

Das Handbuch um Situationen blitzschnell einzuschätzen und Handlungen
vorauszuplanen.

Für Beruf und privat!

von Dantse Dantse

indayi
edition

Über den Autor

Dantse Dantse ist gebürtiger Kameruner und Vater von fünf Kindern. Er hat in Deutschland studiert und lebt seit über 25 Jahren in Darmstadt. Stress, Burnout, Spiritualität, Körper, Familie und Liebe – das sind nur einige wenige der Gebiete, auf denen sich Coach und Autor Dantse Dantse in den letzten Jahren erfolgreich profilieren konnte.

Als unkonventioneller Autor schreibt er gerne Bücher, die seine interkulturellen Erfahrungen widerspiegeln. Er schreibt über alles, was Menschen betrifft, berührt und bewegt, unabhängig von kulturellem Hintergrund und Herkunft. Er schreibt über Werte und über Themen, die die Gesellschaft nicht gerne anspricht und am liebsten unter den Teppich kehrt, unter denen aber Millionen von Menschen leiden. Er schreibt Bücher, die das Ziel haben, etwas zu erklären, zu verändern und zu verbessern – seien es Ratgeber, Sachbücher, Romane oder Kinderbücher. Sein unverwechselbarer Schreibstil, geprägt von seiner afrikanischen und französischen Muttersprache, ist sein Erkennungsmerkmal und wurde im Text erhalten und nur behutsam lektoriert.

Frühwarnsystem

Wie erkennst du Energievampire und Energieräuber?

Wie erkennst du, dass du manipuliert wirst?

Wie erkennst du, dass er fremdgeht?

Wie erkennst du, dass sie mit dir schlafen will?

Wie erkennst du, dass er oder sie gut im Bett ist?

Das Handbuch um Situationen blitzschnell zu erkennen und einzuschätzen.

Inhalt

3. Sexualität Beziehung Freundschaft ... 141

4. Sexualität EXTRA: Tipps und Tricks ... 227

5. Das Leben des Autors 235

Erste-Selbst-Coaching-Ratgeber-Hilfe

Dieses Buch ist ein Quick Diagnose Instrument für jeden!

Auf der Hut und nie mehr der Dumme sein:

Stärke deine Menschenkenntnis und dein Bauchgefühl, um Situationen blitzschnell zu erkennen und Handlungen vorauszuplanen – im Privaten wie im Beruflichen.

Das beste System zur (Selbst-)spionage ist das Entschlüsseln von Körpersignalen. Diese Signale, die unbewusst von uns gesendet werden, können genauestens vorhersagen, wie die Lage in und um uns ist. Sogar manipulierendes Verhalten, das dich verwirren soll, kannst du so erkennen.

Auch wenn wir nicht sprechen, reden wir viel. Unsere Körpermerkmale, unser Körperbefinden, unsere Körpersprache und unsere Gefühle verraten fast alles.

Der Körper redet, redet immer, auch wenn wir schlafen. Mit dem Begriff Körper meine ich immer Leib und Seele.

Als ich das erste Mal eine Klientin fragte, woran sie erkennt, wann sie ihren Eisprung hat, meinte sie, das könne man nicht wissen, es sei denn, man messe selbst die Temperatur. Äußerliche Merkmale würde es nicht geben. Als ich ihr sagte, dass ich, wäre ich ihr Freund, dies erkennen könnte, lachte sie mich aus. So reagierten auch viele andere, Männer wie Frauen. Fachleute sind ebenfalls der Meinung, dass der Eisprung am besten durch technische Messungen zu erkennen ist. Beim Eisprung ist die gemessene Temperatur höher. Aber nachdem meine Klientin meine Tipps angewendet hatte, sah sie, dass dies ebenso über genaue Beobachtung möglich ist. Es kann auch nicht anders sein, denn die Menstruation und der Eisprung sind zwei natürliche Vorgänge im Körper einer Frau. Der Eisprung ist Teil ihrer Weiblichkeit. Solche hormonellen Veränderungen des Körpers senden automatisch Signale, die durch Aufmerksamkeit entschlüsselt werden können. Voraussetzung hierbei ist, dass die Frau keine beeinflussenden Mittel einnimmt, die den Hormonspiegel stark negativ angreifen, wie zum Beispiel die Antibabypille.

Auf dieselbe Art und Weise funktionieren alle Phänomene, die in uns und mit uns passieren. Durch reine Aufmerksamkeit können wir fast alle von ihnen genau erkennen.

Mit ein bisschen Übung kannst du erkennen, was in dir und was in anderen Menschen los ist. Wir können uns und andere Menschen hervorragend ausspionieren, denn unser Körper und unsere Seele senden über alles Signale, was uns beeinflusst, auch unser Verhalten, unsere Ausstrahlung und unsere Reaktionen und Handlungen.

In Teil 1 dieser Buchserie geht es zunächst um zwei Bereiche: **Psychologie/Lebenshilfe und Sexualität/Beziehung/Freundschaft.**

Du willst wissen, ob dein Partner dich betrügt, du willst erkennen, was jemand über dich denkt und gegen dich vorhat? Du willst erkennen, wie es deiner Kollegin geht und wie es um ihre Psyche steht, du willst erkennen, ob eine Frau sexuell frustriert ist, mit wem dein Freund dich betrügt, und du willst Sabotage und Komplotte schon sehr früh erkennen? Dies und vieles weitere kannst du in diesem Teil selbst lernen!

Mit diesem Buch zur Selbsthilfe stärkst du deine Menschenkenntnis und dein Bauchgefühl, und erkennst Situationen blitzschnell und richtig.

Alles das hilft dir schnell zu reagieren, passende Lösungen zu finden, Fehler zu korrigieren und in Situationen angemessen zu reagieren.

Wenn du mindestens fünf der zahlreichen Signale in einer Situation erkennen kannst, ist die Wahrscheinlichkeit hoch, dass du richtig liegst. Hier lohnt es sich, genauer nachzusehen und der Sache auf den Grund zu gehen.

Ab nun bist du selbst schuld, wenn du weiter der Dumme bleibst.

Du kannst mich selbstverständlich unter <u>le-ser@dantse-dantse.com</u> kontaktieren, wenn du noch Fragen hast oder auf meiner Website <u>www.dantse-dantse.com</u> deine Meinungen und Erfahrungen teilen.

Meine Quellen

Meine Quellen sind vielseitig.

a- Ich wollte mein Coachingbuch schreiben, wie ich auch coache, nämlich praktisch, pragmatisch und ganzheitlich. In und aus Afrika habe ich viel über die Natur und ihre Wirkung auf die Physiologie des Menschen gelernt. Ich habe gelernt, dass Menschen nicht in Teile zerlegt werden können, um geheilt zu werden. Man muss alles als Ganzes betrachten. Durch diese Lehre der Natur habe ich begriffen, dass nichts Zufall ist.

Alles hängt irgendwie zusammen und der Mensch ist wie ein Spiegel. Er ist durchschaubar. Alles, was der Mensch macht und erlebt, wird in ihm gespeichert und wird Teil seines Wesens. All das beeinflusst unser Verhalten, unsere Handlungen und unsere Denkweise, die sich in unserer Körpersprache ausdrückt. Diese sehr praktische Lehre aus Afrika, zusammen mit Kenntnissen und Erfahrungen aus Europa, sind die Hauptquellen meiner Erkenntnisse, die ich über das Coaching vermittle.

b- Über das Coaching habe ich die Chance bekommen, noch viel mehr zu lernen, meine Kenntnisse zu erweitern und sehr praktisch zu werden. Ich habe Menschen unterschiedlichen Alters und sozialer Herkunft betreut. Diese Erfahrung war und ist sehr wichtig, um mehr Details zu sehen und den Menschen noch viel besser verstehen zu können. Das Coaching ist in diesem Sinne auch eine ständige Umfrage und das Sammeln von Meinungen.

c- Über ständige Umfragen aller Art und durch direkte Gesprächen mit Leuten, sei es im Netz oder auf der Straße, habe ich immer aktuelle und lebhafte Erfahrungen mit Menschen machen können, die ich nie in meinem Coaching gehabt hätte. Dies sind meist Menschen, die selbst betroffen sind, weswegen ihre Meinungen und Erfahrungen zu den besten verfügbaren Quellen gehören, besser noch als Daten aus der Wissenschaft, die oft sehr schulmäßig vorgeht und nicht immer kleinere Details und Unterschiedlichkeiten im Wesen berücksichtigt. Zum Beispiel wird Liebe in Afrika anders definiert als Liebe in Europa. Deswegen gibt es auf die Frage „Wie erkennst du, dass er dich liebt...?" unzählig mehr Antworten, als ein Sachverständiger sie je formulieren könnte. Ich habe die wissenschaftliche Seite stets berücksichtigt, um Themen abzurunden, aber über 95% der Erkenntnisse in diesem Buch stammen aus eigenen menschlichen Erfahrungen.

Deswegen wirst du in diesem Buch in vielen Bereichen mehr Anzeichen und Erkenntnisse lesen, als es in Fachbücher und Foren stehen. Denn nicht alles, was in den Mensch vorgeht kennt die Wissenschaft.

ACHTUNG

Das Auftreten einzelner sogenannter Alarmzeichen muss kein Hinweis darauf sein, dass die Situation eindeutig ist. Wenn aber eine Häufung wahrgenommen wird und viele verschiedene Zeichen gleichzeitig vorkommen, können diese Hinweise sein, dass du dich selbst richtig diagnostizierst und deine Situation richtig erkannt hast, sodass du nun Gegenmaßnahme ergreifen kannst. Dabei hilft dir **„Smart Coaching Lösungen light: „Was tun wenn...?"**. In diesem Buch bekommst du erste Hilfestellungen was du tun kannst, wenn du bestimmte Situation erkannt hast und sofort handeln willst.

Dieses Buch hier enthält nur allgemeine und hilfreiche Hinweise sowie erste Selbstdiagnosehilfe. Für endgültige Diagnosen bedarf es der Meinungen von Fachleuten.

1. Einführung: Smart Coaching light für jeden? Warum tut dir dieses Buch gut?

„Smart Coaching, Coaching Light" ist eine Buchreihe zur Selbsterkenntnis und ersten Selbsthilfemaßnahme. Die Spionagebände helfen dir, Situationen schnell zu erkennen, die „Smart Coaching – Lösungen" helfen dir, die erkannten Probleme sofort zu lösen.

Ich habe mit den Spionagebänden angefangen, damit du zuerst erfährst, wie du Situationen und die Lage der Dinge erkennst.

Danach werde ich dir in „Smart Coaching – Lösungen" Tipps und Tricks mitgeben, die dir in den erkannten Situationen weiterhelfen werden.

Ich arbeite seit Jahren an diesen Büchern: Zuerst wollte ich nur für mich selbst meine Kenntnisse und Erfahrungen aus meiner Naturlehre aus Afrika testen und vertiefen. Irgendwann habe ich dann durch meine Tätigkeit als Coach, in der ich viele Menschen beraten darf, das Gebiet erweitert und entschied mich dafür, meine Erfahrungen in einem Buch zu präsentieren, um mehr Menschen gleichzeitig helfen zu können.

Nur Anhand von bestimmten Anzeichen kannst du Situationen genau und richtig einschätzen.

Nicht alle Anzeichen müssen vorliegen, damit du eine Situation erkennen kannst. Allgemein kann gesagt werden, dass bei mindestens fünf zutreffenden Punkten die Chance groß ist, dass du eine Situation richtig erkannt hast. In diesem Fall lohnt es sich, noch genauer hinzuschauen.

Die Fragestellung: „Wie erkennst du, dass du depressiv bist?"

könnte auch so verstanden werden: „Wie erkennst du, dass er/sie depressiv ist?"

Folglich hilft dieses Quick Erkennungscoaching nicht nur, deine eigene Situation zu erkennen, sondern auch die von anderen (Partner, Kinder, Freunde, Eltern, Kollegen).

Damit nicht zu viele Informationen auf einmal kommen und nur noch Verwirrung stiften, habe ich mich entschieden, dieses Buch in Teilbereiche zu unterteilen. In diesem Teil 1 geht es um Psychologie, psychische Verfassung, Lebenshilfe, Sexualität, Beziehung und Freundschaft.

Demnächst werden andere Teile erscheinen, die genauso lebhaft und interessant sein werden.

Ich wünsche dir eine gute Lektüre und hoffe auf eine lebendige Diskussion und auf Kommentare auf

www.dantse-dantse.com

Zuschriften oder Fragen/Bestellungen per Mail an

leser@dantse-dantse.com

2. Psychologie/Lebenshilfe

Eine allgemein gültige Tabelle mit Warnzeichen, die 100% eindeutig sind, gibt es zwar nicht, doch einige Verhaltens-auffälligkeiten können Hinweise darauf geben, aufmerksamer zu werden.

2.1. Wie erkennst du, dass du unglücklich bist und dass du dich selbst hasst?

Wenn mindestens 5 dieser Zeichen bei dir zutreffen, dann könntest du es sein:

- Du spürst keine Liebe zu anderen.
- Du erkennst die Liebe der anderen nicht.
- Du hasst alles um dich herum.
- Du bist ständig traurig.
- Du bist voller negativer Gedanken und Gefühle.
- Du bist in deinen Entscheidungen gegenüber anderen zu hart und unflexibel.
- Du bist vorwurfsvoll.
- Du beklagst dich über alle.
- Du redest ständig über andere Menschen.

- Du verleumdest und verrätst Geheimnisse.

- Du freust dich über Unglück anderer oder wünschst ihnen kein Glück.

- Du kannst dich nicht über deinen Erfolg und den Erfolg anderer freuen.

- Du bist voller Verachtung.

- Du bist extrem aggressiv.

- Du lehnst fast immer alles ab.

- Du hast Komplexe.

- Du erkennst das Gute nicht, dass man dir tut.

- Du tust nichts Gutes ohne Kalkül.

- Du vernachlässigst dich selbst.

- Du bist ungepflegt.

- Du trägst keine Verantwortung für deine Taten und schiebst die Schuld auf andere.

- Du trinkst zu viel Alkohol, du rauchst und isst zu viel.

- Du bist zu streng mit dir.
- Du neigst in allem, was du machst, zu Extremen.
- Du verzeihst kaum.
- Du grübelst ständig über die Vergangenheit.
- Du bist nachtragend.
- Du blockierst dich ständig.
- Du lehnst alles ab, was biologisch und natürlich ist.
- Du hasst deinen eigenen Körper.
- Du willst immer anders sein, als du bist.
- Du vergleichst dich ständig mit anderen.
- Du willst immer so sein wie eine bestimmte Person.
- Du willst ständig haben, was die anderen haben und bist nie zufrieden, mit dem was du hast.

- Du lebst deine Sexualität kaum aus.

- Nach dem Sex mit anderen fühlst du dich schlecht, als, ob du einen Kater hättest.

- Du bist mit dir selbst zu kritisch.

- Du bist eifersüchtig.

- Du bist zu perfektionistisch

- Du lebst in der Vergangenheit und planst fast immer anhand von negativen Erlebnissen aus der Vergangenheit.

- Du urteilst über die anderen aufgrund ihrer Fehler in der Vergangenheit, auch wenn sie sich gebessert und korrigiert haben.

- Du hast diskriminierende Gedanken anderen gegenüber.

2.2. Wie erkennst du Energievampire und Energieräuber?

- Sie wollen etwas von dir, und zwar immer sofort.

- Sie nehmen nur und geben nie oder

- Sie geben dir ständig und zu viel und im Gegenzug nehmen Sie kaum Hilfe von dir. Sie wollen dir immer helfen, auch wenn du keine Hilfe gebeten hast. Du bleibst somit abhängig von ihnen.

- Sie erzählen dir immer nur negative Geschichten, melden sich nur mit negativen Geschichten.

- Sie sind in deinem Beisein immer schlecht gelaunt und jämmerlich.

- Du bekommst von ihnen nie Lob, aber dafür ständig Kritik. Sie finden in allem was du tust etwas zu meckern oder

- Sie loben dich zu sehr, auch wenn es offensichtlich ist, dass du kein Lob verdient hast.

- Sie zeigen dir nicht, wie man Wasser selbst holt

- Sie behandeln dich, wie ein kleines Kind und bestätigen mit ihrer zu viel Fürsorge deine Schwäche und Unfähigkeit.

- Sie machen dir ständig Vorwürfe und beschimpfen dich.

- Sie freuen sich nicht, wenn es dir gut geht oder wenn du glücklich bist.

- Sie kratzen permanent an deinem Selbstbewusstsein und tun alles, damit du an dir zweifelst und Angst hast.

- Sie reden ständig nur über ihre Probleme und fragen dich gar nicht, wie es dir geht. Deine Probleme sind ihnen egal.

- Sie haben ein feines Gespür dafür, wann es dir gut geht. Sie kommen mit ihren Problemen oder suchen genau in diesem Moment Streit mit dir, um danach so zu tun, als ob nichts gewesen wäre. Sie sind wieder aufgeladen aber du bist leer...das bedeutet, dass du viel Energie hast, wenn sie nicht da sind, aber nach einem Treffen mit ihnen bist du müde, kraftlos, antrieblos, schlecht gelaunt usw. Du bist ausgesaugt worden.

- Sie machen dich verantwortlich für ihre eigenen Fehler.

- Sie hängen an dir.

- Sie stellen sich immer als Opfer dar und bemitleiden sich ständig selbst.

- Sie lassen sich von dir betreuen, sie leben auf deine Kosten.

- Sie nutzen dich aus.

- Bist du mit ihnen zusammen, kosten sie dich wahnsinnig viel Kraft. Die Symptome reichen von Kopfschmerz bis Übelkeit und kaum sind sie weg, geht alles besser (vor allem im Beruflichen).

- Nach der Begegnung mit ihnen bekommst du sofort negative destruktive Gedanken.

2.3. Wie erkennst du, dass deine Eltern deine Energie ausrauben?

Auch Eltern dürfen Fehler machen – das ist eine Grunderkenntnis der afrikanischen Erziehung, die mein Vater mir immer und immer wieder nahe brachte. Er ermutigte mich, ihm auch seine Fehler mitzuteilen und ihn nicht als einen unfehlbaren Menschen zu sehen, nur weil er mein Vater ist. Ein erstes Zeichen, dass deine Eltern dir deine Energie rauben, ist es, wenn du Angst davor hast, deinen Eltern zu sagen, was dir in deiner Erziehung nicht gefallen hat. Dir geht es schlecht, du bist unzufrieden, hast psychische Probleme und Defizite, denen auch Therapien nichts anhaben können, oder psychosomatische Beschwerden: Dennoch glaubst du deinem Therapeuten nicht, dass dies alles seinen

Ursprung in deiner Kindheit haben könnte. Du liest es überall, willst es aber nicht akzeptieren, weil du Angst hast, dir ein schlechtes Bild deiner Eltern zu machen. Du sagst dir immer, dass du gute Eltern hast. Wenn du als erwachsener Mensch nicht in der Lage bist, dich mit deiner Kindheit kritisch auseinander zu setzen und Angst hast, die Erziehung deiner Eltern kritisch und näher zu betrachten (ohne dir Vorwürfe machen zu wollen), dann bist du 100% ein Opfer von Energieraub von Seiten deiner Eltern geworden, bewusst oder unbewusst. Deine Eltern werden immer kompetenter und glücklicher sein und du wirst immer mehr mit deinen Problemen zu kämpfen haben, weil du sie einerseits schützt und sie wiederum alles tun, damit dies so bleibt. Sie haben Angst davor, das zu hören, was deine Erlösung wäre: „Liebe Eltern, auch ihr habt Fehler gemacht." Eltern müssen zulassen, dass Kinder ihnen dies sagen dürfen, um sich zu befreien. Mit zu viel Fürsorge nach der Pubertät machen sie dich mundtot. In diesem Fall werden auch deine psychischen und körperlichen Beschwerden, wie Migräne, Kopfschmerzen, Minderwertigkeitskomplexe, Ängste, Unsicherheitsgefühl immer bleiben.

- Du hängst immer noch an deinen Eltern, obwohl du erwachsen bist.

- Du hast das Gefühl, dass du ohne sie nichts schaffen kannst.

- Es geht dir psychisch schlecht und ihnen gut.

- Du bist ständig in Therapie, sie nicht.

- Du hast Angst.

- Du erzählst ihnen alle deine Geheimnisse.

- Sie werden deine Freunde, während du selbst kaum Freunde hast.

- Du unternimmst viele Dinge mit deinen Eltern, anstatt mit Freunden.

- Sie lassen nicht zu, dass du deine Probleme alleine löst.

- Sie helfen dir nicht, deine Probleme sind ihnen egal oder sie helfen dir zu viel, auch wenn du nicht um Hilfe gebeten hast.

- Sie lassen dich nicht frei sein.

- Sie lieben dich nicht, oder sie lieben dich zu viel.

- Du hast den gleichen Beruf wie Papa oder Mama.

- Sie mischen sich in deine Beziehungen ein.

- Sie gaben dir als Kind zu früh Freiheit und Macht und ließen dich alleine entscheiden: Du warst schon als Kind erwachsen, während sie jetzt an dir kleben und dich wie ein kleines Kind behandeln, um sich als gute Eltern zu fühlen.

- Du hängst mehr an ihnen als an deinem Partner.

- Sie helfen dir immer wieder ohne Gegenleistung. So bleibst du ewiger Hilfeempfänger (ein Kind, klein und schwach) und sie die Helfer (stark, kompetent und mächtig).

- Sie bestätigen dich ständig in deiner Schwäche, indem sie dich bemitleiden (du armes Kind, du bist ja wirklich mit den Nerven am Ende. Es geht dir schlecht? Lass Mama dir helfen.).

Mehr zu diesem Thema in Smart Coaching Teil 2, demnächst erhältlich!

2.4. Wie erkennst du, dass deine Schwächen erziehungsbedingt sind?

Wie erkennst du, dass deine Schwächen (Ängste, sich Sorgen machen, depressive Züge, Komplexe, chronische Unzufriedenheit und Unglücklichsein, regelmäßige Migräne ...) erziehungsbedingt (von deinen Eltern) sind?

Manche Indizien sind sehr subtil, denn sie erscheinen auf den ersten Blick positiv. Aber auch zu viel Liebe kann viel zerstören und kaputtmachen. Durch meine Coachingerfahrungen lerne ich Menschen kennen, die mir von tollen Eltern erzählen und im Laufe der Therapie merken sie dann gerade, dass die Erziehungsmethoden dieser tollen Eltern in ihnen viele Schwächen installiert haben.

So erkennst du, dass deine Schwächen erziehungs-bedingt sind und größtenteils von deinen Eltern kommen:

- Wenn du zu abhängig von deinen Eltern bist.
- Wenn du Angst hast ohne deine Eltern zu sein.
- Wenn deine Eltern dir immer ständig helfen und zu fürsorglich sind.
- Wenn deine Eltern dir immer geben und von dir nichts verlangen oder dich sogar ermutigen ihnen nichts zu geben.
- Wenn deine Eltern alles für dich machen.
- Wenn du immer die Liebe, Zuneigung und Auf-merksamkeit deiner Eltern suchst und brauchst.
- Wenn die Meinung deiner Eltern über deine Le-bensführung maßgeblich entscheidet.
- Wenn deine Eltern und besonders deine Mutter immer im Zentrum des Geschehens steht.

- Wenn deine Eltern alles akzeptieren, was du willst.

- Wenn deine Eltern dich zu früh auf dich selbst gestellt haben.

- Wenn du zu früh und ohne Vorbereitung allein entscheiden musstest, obwohl du die Gefahren noch nicht richtig einschätzen konntest.

- Wenn du zu einem Freund oder einer Freundin deiner Eltern wirst.

- Wenn deine Eltern dir keine Liebe zeigen und geben.

- Wenn deine Eltern die gleiche Schwäche haben wie du.

- Wenn deine Eltern dich in ihre Streitigkeiten mit einbeziehen.

- Wenn du deine Eltern hasst.

- Wenn du ständig Streit mit deinen Eltern hast.

- Wenn du deinen Eltern ständig Vorwürfe machst.

- Wenn du deinen Eltern nicht verzeihen und keinen Frieden mit ihnen schließen kannst.

2.5. Wie erkennst du, dass du müde und erschöpft bist?

- Deine Konzentrations- und Leistungsfähigkeit vermindert sich.

- Du bist in deiner Wahrnehmung beeinträchtigt.

- Du fühlst dich allgemein unwohl.

- Du bist antriebslos, kraftlos.

- Du kannst alltägliche Arbeiten kaum noch bewältigen oder kommst nur sehr langsam voran.

- Du wirst vergesslicher.

- Du bist lustlos.

- Du bist sehr reizbar und nervös.

- Du bist aggressiv und schlecht gelaunt.

- Du bist wie in einem leichten Rausch.

- Deine Reflexe und Reaktionszeiten lassen nach.

- Du kannst nicht mehr richtig denken.

- Du kannst nicht mehr richtig artikulieren und hast Schwierigkeiten, Wörter zu finden.

- Du bekommst bei länger andauerndem Schlafmangel halluzinationsähnliche Wahrnehmungsstörungen.

- Du hast Kopfschmerzen und Migräne.

- Du hast Muskelschmerzen und Muskelkater.

- Dir ist schwindlig.

- Du hast Schlafstörungen. Du schläfst genug, bist aber nicht erholt, oder liegst lange wach und kannst kaum schlafen.

- Du zuckst ständig mit den Augen.

- Du hast einen schnellen Puls.

- Du hast unerklärliche Infektionskrankheiten.

- Du bist verspannt.

- Du hast kaum Appetit.

- Du hast ständig Magen-Darm-Beschwerden.

2.6. Wie erkennst du, dass du Burnout hast?

- Du fühlst einen großen Widerstand, täglich zur Arbeit zu gehen.
- Du hast kein Interesse am Beruf und distanzierst dich zunehmend von deiner Arbeit.
- Du hast oft Gedächtnis- und Konzentrationsstörungen.
- Du bist anhaltend müde, kraft- und antrieblos.
- Du bist erschöpft.
- Du trägst das Gefühl des Versagens mit dir.
- Du siehst keinen Sinn mehr.
- Du bist depressiv.
- Du hast Angst, nicht zu schaffen, was man von dir erwartet.
- Deine Leistungen fallen dramatisch und stetig ab.

- Du hast Konzentrationsstörungen.

- Du bist generell lustlos.

- Du bist schnell gereizt.

- Du hast ständig schlechte Laune.

- Du bist verzweifelt.

- Du fühlst dich hilflos und hoffnungslos.

- Du hast keinen Mut mehr, und alles wird dir gleichgültig.

- Du hast keine Motivation mehr.

- Du hast Schlafstörungen.

- Du hast ständig Migräne.

- Du hast Stimmungsschwankungen.

- Du ziehst dich zurück von Kollegen, Kunden, Freunden und Bekannten.

- Du hast ständig Kopf-, Bauch- und Rücken-schmerzen.

- Du hast Magen- und Darmbeschwerden.

- Du hast Herz-Kreislaufprobleme.

- Du hast häufige Infektionskrankheiten.
- Du hast Hörstörungen wie Hörsturz und Tinnitus.
- Du nimmst auf einmal Drogen.
- Du hast keine Energie mehr.
- Du ziehst dich von allen Aktivitäten und Hobbys zurück.
- Du hast vermehrt Fehlzeiten.
- Du wirst misstrauisch.
- Du hast paranoide Vorstellungen.
- Du zeigst nervöse Ticks, wie Zähne gegeneinander schlagen, Nägel kauen oder aufkratzen.
- Du hast Suizidgedanken.
- Du bist voller Hass.
- Du bist frustriert.
- Du spürst die Aggression in dir.
- Du zeigst selbstzerstörerischen Drang.
- Du hast Zwangsstörungen.

- Du hast Essstörungen.

- Du hast keine Sexualität mehr und keine Lust auf Sex, Nähe und Körperkontakt.

2.7. Wie erkennst du Burnout bei einem Kind?

Folgende Zeichen bei einem Kind können auf Burnout deuten:

- Das Kind zeigt Formen von Selbstzerstörung und Selbstverletzung.

- Das Kind leidet unter Magersucht.

- Das Kind ist oft in der Schule abwesend.

- Das Kind schläft immer häufiger unruhig.

- Das Kind ist lustlos.

- Das Kind reagiert häufig übertrieben gereizt und aggressiv.

- Das Kind kann kaum mit Gleichaltrigen umgehen und ist ein Einzelgänger.

- Das Treffen mit anderen Kindern ist oft stressig.

- Das Kind versucht, Treffen mit anderen Kindern aus dem Weg zu gehen und vermeidet Kontakt mit ihnen.

- Das Kind hat einen erhöhten Aggressivitätsdrang.

- Das Kind bleibt fast nur im Bett oder kommt nur sehr schwer aus den Federn.

- Das Kind wirkt zunehmend erschöpft, kraft- und antriebslos.

- Das Kind sucht ständig nach Anerkennung und Bestätigung.

- Das Kind hat Minderwertigkeitskomplexe.

- Das Kind vergleicht sich ständig mit anderen Kindern.

- Das Kind ist mit sich unzufrieden.

- Das Kind beklagt sich, nicht geliebt zu werden.

- Seine Leistungen fallen dramatisch ab.

- Das Kind resigniert vor jeder Aufgabe.

- Das Kind hat Angst und kriegt Panik, wenn es nur von Schule, Hausaufgabe und Co. Hört.

- Das Kind ist ständig gedanklich abwesend.

- Das Kind schweigt anhaltend.

- Das Kind redet immer weniger.

- Das Kind zieht sich immer mehr zurück.

- Das Kind ist häufiger krank.

- Das Kind hat Angst- und Panik-attacken.

- Das Kind hat Suizidgedanken

2.8. Wie erkennst du, dass du einen Minderwertigkeits- komplex hast?

- Du fühlst dich unvollkommen.

- Du hast ein negatives Bild von dir und deinen Fähigkeiten.

- Du bist grundsätzlich negativ.

- Du hast wenig Vertrauen in andere, weil du auch wenig Vertrauen in dich hast.

- Du schämst dich für dich und für dir nahstehende Menschen (Partner, Kinder, Eltern usw.).

- Du fühlst dich unterlegen.

- Du hast nicht genug Selbstvertrauen und Selbstbewusstsein.

- Dein Selbstwertgefühl ist sehr klein.

- Du hast ständig Angst, etwas falsch zu machen.

- Du bevorzugst was andere haben, vor dem was du selbst hast.

- Du bewertest die anderen immer besser als dich selbst.

- Du fühlst dich nicht schön.

- Du liebst dich nicht.

- Du magst dein Aussehen/deinen Körper nicht.

- Deine Kinder oder Partner sollen aussehen, wie die Kinder oder Partner von jemand anderem.

- Du jammerst ständig darüber, was du nicht hast, aber auch über das, was du hast.

- Du bist nie zufrieden mit dem, was du hast.

- Du findest immer die Dinge (Aussehen, Wohnung, Autos, Hobbys, Kleidung usw.) der anderen besser als deine eigenen und träumst immer davon, genauso zu sein und dasselbe zu haben.

- Du kannst dich nicht frei deinem Partner nackt zeigen.

- Du machst alles in Extremen: Zum Beispiel kaufst du dir nur die teuersten Klamotten, damit man glaubt, dass du dazu gehörst, oder, um zu zeigen, dass du vermögend bist. Genauso kann sich der Komplex so äußern, dass du dir nur die billigsten Sachen kaufst, weil du dich nicht mehr traust.

- Du lebst entweder weit über deinem Limit oder weit unter deinen Möglichkeiten.

- Du suchst ständig, fast zwingend, Kontakt und Freundschaft mit Menschen, die deiner Meinung nach besser sind als du.

- Du hast ständig Fressattacken.

- Du hast Zwänge.

- Du strebst nach Perfektion, die du aber nicht erreichst.

- Du machst immer die anderen verantwortlich für dein Versagen, deine Defizite und deine Probleme.

- Du schämst dich schnell.

- Du bist einsam oder du hast zu viele „Freunde".

- Du behauptest überall, dass du die bekannte Sängerin A. kennst, dass du mit dem Chefarzt B. befreundet bist, und dass du mit dem Richter C. Tennis spielst. So bildest du dir ein, wichtig zu sein oder zumindest so zu scheinen.

- Du sprichst über dich, deinen Besitz und wo du im Urlaub warst, damit die anderen sehen, wie reich du bist.

- Du machst deinem Partner vor anderen ständig Komplimente, küsst ihn, streichelst ihn und ähnliches, damit die anderen sehen, wie sehr ihr euch liebt (obwohl dies oft gar nicht so ist).

- Du zeigst deinen Freunden Mails und SMS-Konversationen mit deinem Partner, um zu beweisen, dass ihr euch liebt.

2.9. Wie erkennst du, dass du an Depression leidest?

- Du hast ständig negative und pessimistische Gedanken.

- Du denkst ständig schlecht über dich selbst, deine Mitmenschen, die Umwelt.

- Du siehst die Zukunft ohne Hoffnung.

- Du siehst dich als Versager.

- Du bist gefühllos, hart und kalt.

- Du machst dir ständig selbst Vorwürfe.

- Du hast ständig Schuldgefühle und ein schlechtes Gewissen.

- Du hast ein sehr negatives Bild von dir.

- Deine Gefühle wandern zwischen High und Down. Einmal fühlst du dich top, hast große Pläne, versprichst viel und willst viel unter-

nehmen und plötzlich bist du wie am Boden
zerstört und verzweifelt. Du stellst wieder alles
in Frage und empfindest dein Leben als sinnlos.

- Du hast Selbstmordgedanken.

- In deiner schlechten Stimmung glaubst du,
dass du nie wieder normal sein kannst und
siehst keine Aussicht auf Besserungen.

- Du glaubst, niemand liebt dich.

- Du liebst dich selbst nicht.

- Du hast Minderwertigkeitskomplexe (Kap. 8.5).

- Du hast viele körperliche Beschwerden (Kopf-
schmerzen, Bauchschmerzen, Halsschmerzen,
Jucken, Regelschmerzen, Rückenschmerzen,
bedrückendes Gefühl im Brustkorb, Migräne,
Schweißausbrüche, Magen-Darm-
Beschwerden, Verstopfung usw.).

- Du hast einen Selbstverletzungsdrang oder verletzt dich sogar schon selbst.

- Du bist ständig sexuell erregt und kannst nicht sexuell befriedigt werden.

- Die Lust am Sex geht verloren.

- Du hast Erektions- und Orgasmusstörungen.

- Du hast Schwierigkeiten, dich zu konzentrieren.

- Du bist antrieblos, erschöpft, kraftlos und ständig müde. Du willst lieber den ganzen Tag im Bett bleiben. Nur der Gedanke, etwas machen zu müssen, erschöpft dich. Duschen, Zähne putzen, sich ankleiden, Essen zubereiten ist für dich kaum zu bewältigen, so müde fühlst du dich.

- Du fühlst dich manchmal wie gelähmt.

- Du hast ständig Angst und glaubst, du kannst nichts schaffen.

- Du hast Entscheidungsschwierigkeiten. Du schiebst es auf oder brauchst lange, um Entscheidungen zu treffen, da du Angst hast, etwas falsch zu machen.

- Du bist unruhig und traurig.

- Du empfindest keine Freude.

- Du bist dauerhaft lustlos.

- Du musst grundlos weinen.

- Du bist aggressiv.

- Alles ist dir gleichgültig oder geht dir auf die Nerven.

- Du hast Schlafstörungen und deine Schlafzeiten sind durcheinander und unregelmäßig.

- Du hast Essstörungen. Du isst sehr viel und ständig, um dem Druck zu entgehen; du isst und übergibst dich oder du hast kaum Appetit.

- Du hast Ängste (den Partner zu verlieren; Angst vor Zukunft; Angst, nie mehr gesund zu werden; Angst allein zu sein; Angst, keine Freunde zu haben, usw.).

- Du ziehst dich zurück und vermeidest Kontakte zu Familie, Freunden und Kollegen.

2.10. Wie erkennst du, dass du oder er/sie Suizidgefährdet bist/ist?

Eine allgemein gültige Tabelle von Warnzeichen, die 100% eindeutig sind, gibt es zwar nicht, doch einige Verhaltensauffälligkeiten können Hinweise darauf geben, aufmerksam zu werden. Ist dein oder sein Verhalten unerwartet und anhaltend verschieden, besteht Handlungsbedarf.

- In dir herrschen nur noch negative Gefühle und Gedanken, wie Hoffnungslosigkeit, Sinnlosigkeit, Lieblosigkeit und Gleichgültigkeit.

- Du sagst und schreibst oder denkst immer mehr Sätze wie „was soll das alles noch, es ist mir scheißegal, mir ist alles egal, es wäre für alle besser, wenn ich nicht mehr da bin, niemand wird mich vermissen, ich habe keine Lust mehr, es hat keinen Sinn mehr, ich kann sowieso nichts, ich bin ein Versager, ich kann so nicht weiterleben, ich bin sowieso nicht wichtig".

- Du schreibst dein Testament.

- Du denkst ständig an einen Abschiedsbrief.

- Du fantasierst immer öfter über Suizid.

- Du isolierst dich immer mehr und vernachlässigst deine Hobbys und Interessen.

- Du ziehst dich oft aus deinem sozialen Umfeld zurück

- Du redest immer weniger mit anderen.

- Du hasst alles um dich.

- Du hast einen Drang, dich selbst zu verletzen (Ritzen, Schneiden, Verbrennen usw.).

- Du fühlst dich überfordert.

- Du hast ständig Versagensangst.

- Du wirst aggressiv.

- Du fängst an zu trinken oder Drogen zu nehmen.

- Du hast starke Stimmungsschwankungen zwischen Euphorie, Niedergeschlagenheit, pessimistischen Gedanken und überdrehtem Verhalten.

- Du veränderst und vernachlässigst deine äußere Erscheinung.

- Du veränderst dein Essverhalten.

- Du machst dir Gedanken und beschäftigst dich damit, wie man am besten sterben kann. Zum Beispiel sammelst du Tabletten oder erkundigst dich über Suizidmethoden.

- Deine Leistungen fallen ab und du versuchst nicht, etwas daran zu ändern.

- Du hast Schlafstörungen.

- Du verschenkst plötzlich deine Sachen und wirst großzügig.

- Du vernachlässigst deine Wohnung.

- Du zeigst leichtsinniges und gefährliches Verhalten.

- Du hast psychosomatische Beschwerden.

2.11. Wie erkennst du Selbstmord-Signale deines Kindes?

In Deutschland rangiert Selbstmord nach Verkehrsunfällen als zweithäufigste Todesursache unter Jugendlichen. Folgende Zeichen sollten dich aufmerksam machen:

- Das Kind zieht sich plötzlich zurück, schließt sich oft ein.

- Das Kind verändert rasch sein Wesen.

- Das Kind sieht müde aus.

- Das Kind redet noch kaum mit jemandem und pflegt sich nicht mehr.

- Das Kind vernachlässigt seine Hobbys.

- Das Kind zieht sich von seinen Freunden zurück.

- Das Kind verweigert das Essen.

- Das Kind schaltet allgemein in Verweige-
rungsmodus.

Mehr zu diesem Punkt in **„Smart Coaching Kids:
wie erkennst du, dass dein Kind...?"**

2.12. Wie erkennst du Angst- und Panikattacken?

Körperliche Reaktionen

- Dein Herz klopft.

- Du hast Herzrasen.

- Dir ist schwindelig.

- Du hast Taubheitsgefühle.

- Du fühlst ein Kribbeln.

- Du schwitzt.

- Du zitterst innerlich.

- Du hast Hitzewallungen oder Kälteschauer.

- Du hast Beklemmungsgefühle in der Brust; Enge oder einen Kloß im Hals. Du fühlst dich schwach und machtlos.

- Du wirst ohnmächtig.

- Dir wird übel.

- Du hast Atemnot und Erstickungsgefühle.

- Du spürst Druck auf der Brust.
- Du hast Bauchschmerzen und Durchfall.

Gedanken

- Du kannst dich nicht mehr konzentrieren.
- Du denkst, du wirst verrückt.
- Du bildest dir ein, du könntest ersticken.
- Du glaubst, einen Herzanfall zu erleiden.
- Du denkst du stirbst, wenn sich die Situation nicht ändert.

Subjektive Gefühle

- Du hast Angst vor der Angst.
- Du hast ein Unsicherheits- und Ohnmachtsgefühl.
- Du hast das Gefühl, dass alles explodieren wird.
- Du hast Angst, die Kontrolle zu verlieren.

- Du hast Angst, "wahnsinnig" zu werden.

- Du hast Todesangst.

- Du hast Angst, einen Herzanfall zu erleiden oder zu sterben.

Verhaltensreaktion

- Du flüchtest aus der Situation.

- Du vermeidest bestimmte Situationen, Orte und Plätze.

- Du nimmst Beruhigungsmittel.

- Du trinkst dir Mut an.

2.13. Wie erkennst du, dass du an Phobien leidest?

- Deine Gedanken kreisen nur um Gefahren: Du siehst nur das Negative und alles Schlimme, das passieren könnte.

- Du hast unangemessen starke Angst mit Atemnot, Herzrasen, Zittern, Schweißausbrüchen, Übelkeit, Magen-Darm-Beschwerden, wie Durchfall, Migräne und Kopfschmerzen.

- Du bekommst schon Panik, wenn du an angstlösende Dinge und Situationen denkst.

- Du weißt, dass du übertrieben reagierst, und dass es keinen Grund für diese Ängste gibt, aber dennoch kannst du sie nicht abstellen.

- Du hast so viel Angst vor der Angst, dass du alles vermeidest, was dir Angst macht oder Angst auslösen könnte. Du löst sogar Beziehungen auf, weil du dich davor fürchtest, dass er dir wehtun könnte, ohne dass es dafür einen triftigen Grund gibt.

- Die Angst bestimmt deine Handlungen, Entscheidungen, deinen Alltag.

- Aus Angst hast du kein Vertrauen mehr in die Menschen.

- Du hast Minderwertigkeitskomplexe und stellst dich in Frage (du kannst das nicht, du bist hässlich, du bist unfähig, du bist nicht gut genug, alle denken nur schlecht über dich).

- Du hast Angst dich zu blamieren, des-wegen machst du kaum etwas Neues.

- Du traust dich nicht, etwas Neues anzufangen, weil du dich nicht blamieren willst und weil du Angst hast, man würde dich auslachen. Alles ist dir peinlich und du glaubst zu versagen).

- Du willst über alles Kontrolle behalten. Dies wird fast zu einer Sucht, zu einem Zwang.

- Du bist oft müde und schlecht gelaunt.

- Du hast Ess- und Schlafstörungen. Du isst aus Frust und hast unregelmäßige Schlafzeiten. Du bist abends sehr lange wach und der Schlaf erholt dich nicht.

2.14. Wie erkennst du, dass du Bulimie hast oder an Essstörungen leidest?

- Du hast Angst davor, dick zu werden.

- Du hast ständig Heißhungerattacken und verzehrst große Mengen an Essen.

- Du übergibst dich (oder du versuchst dich zu übergeben), wenn du zu viel gegessen hast.

- Das Erbrechen ist wie eine Erlösung für dich, aber danach fühlst du dich schuldig und schämst dich.

- Dein ganzes Denken kreist zunehmend nur noch um das Thema Essen.

- Du hast keine Kontrolle über dich, wenn du Heißhungerattacken hast.

- Du ziehst dich von Menschen zurück, um dein Essverhalten vor ihnen zu verbergen.

- Vor Leuten tust du, als ob alles okay wäre und willst gar nicht essen.

- Niemand weiß, dass du eine Essstörung hast.

- Du beschäftigst dich von morgens bis abends mit Essen und deinem Körpergewicht.

- Du nimmst Abführ- und Entwässerungsmittel und fastest oft, um nicht zuzunehmen.

- Du treibst viel Sport, um dünn zu bleiben.

- Du wiegst dich jeden Tag, um dein Gewicht nicht aus den Augen zu verlieren.

- Du hast eine falsche Körperwahrnehmung. Du nimmst deine Figur als zu dick wahr, auch dann, wenn du eigentlich schlank bist.

- Du nimmst dir vor, nicht mehr zu erbrechen, aber schaffst es nicht.

- Wie es dir psychisch geht, dein Selbstwertgefühl und deine Selbstwerteinschätzung hängen vom Körpergewicht und von der Form deiner Figur ab.

- Du hast Probleme, geregelte Mahlzeiten einzuhalten.

- Du bekommst kein Gefühl der Sättigung.

2.15. Wie erkennst du, dass du an Schizophrenie leidest?

Etwa ein Prozent der Bevölkerung ist von dieser Krankheit betroffen. Das ist sehr viel. Schizophrenie hat nichts mit geteilter Persönlichkeit zu tun, auch wenn Betroffene Stimmen hören und mit ihnen kommunizieren. Die Krankheit hat mehr mit geteilten unzusammenhängenden Gedanken zu tun. Erste Anzeichen treten schon Jahre vorher, häufig unbemerkt auf.

- Am Anfang spürst du Unruhe, Müdigkeit, Schwierigkeiten beim Einschlafen und Angst. Es laufen viele Gedanken in deinem Kopf, du kannst dich kaum noch konzentrieren, du fängst an, nicht mehr an dich zu glauben, du ziehst dich zurück, hast Probleme auf der Arbeit, kannst bestimmte Sachen nicht mehr richtig zuordnen, bzw. brauchst du immer ein bisschen Zeit, bist du verstehst, was man dir sagen will. Oft hast oder hattest du eine Depression.

- Du hast das Gefühl, dass du deine Gedanken nicht mehr zusammen bekommst und dass sie nicht mehr zusammenhängen.

- Du beziehst alles auf dich, auch Sachen, die sehr banal sind.

- Du nimmst plötzlich reale Dinge wie Farben, Geräusche, Gerüche, Stimmen und anderes falsch wahr.

- Du kannst dich nicht konzentrieren, weil ein Gedankenkarussell in dir läuft.

- Du liegst im Bett und kannst nicht einschlafen, weil du deine Gedanken nicht in den Griff bekommst.

- Wenn du Fernsehen schaust, kannst du nicht mehr zwischen Geräuschen im Fernsehen und Geräuschen in deinem Kopf unterscheiden.
- Du hast Psychosen.
- Du verlierst den Bezug zur Realität. Zum Beispiel kannte ich einen Kunden, der an Präsidenten und Führer der Welt schrieb und behauptete, ihr Land vor Angriffen von Außerirdischen retten zu wollen und der mir sagte, dass Oskar Lafontaine ihn zum General ernannt hätte. Als ich sagte, dass Oskar Lafontaine im Ruhestand ist, verneinte er dies vehement. Oskar wäre der Bundeskanzler und er hätte noch vor einer Stunde mit ihm in Berlin gefrühstückt, bevor er zu mir nach Darmstadt flog.
- Du leidest unter Verfolgungswahn.
- Du hast ständig Angst bis zur Panik.

- Du kaufst dir Sachen, die du nicht brauchst und gibst so viel Geld aus. Eine Frau sagte mir beispielsweise, dass sie gerade ein teures Fahrrad für über 1000 Euro gekauft hatte, weil sie für die Tour de France nominiert worden sei. Sie war über 60. Sie behauptete, ich wäre ihr Liebhaber. Ich hätte ihr das gesagt, was selbstverständlich nicht stimmte.

- Du siehst Dinge, die nicht da sind. Du siehst deinen Schädel zertrümmert, du siehst das Dach herunterfallen, du siehst deinen Darm aus dem Bauch herausfallen (ein Bekannter von mir in Kamerun bildete sich dies ein und schnitt seinen Bauch mit einem Messer auf, um den Darm wieder hinein zu stecken).

- Du hast starke Stimmungsschwankungen.

- Du hast Wahnvorstellungen, Halluzinationen, Sinnestäuschungen.

- Du fühlst dich fremdgesteuert. Du hast das Gefühl, dass jemand von dir Besitz ergriffen hat.

- Du hast das Gefühl, kontrolliert zu werden.

- Du hörst Stimmen, die dir fremd vorkommen und dir Befehle geben oder mit dir schimpfen.

- Du fühlst dich von Leuten bedroht, die gar nicht da sind.

- Du siehst in vielen Dingen und Handlungen Komplotte gegen dich. Zum Beispiel denkst du, dass jemand, der dir Zucker in deinen Tee gibt, dich vergiften will. Jemand will dich grüßen, du glaubst, dass er dich schlagen will.

- Du hast Bewegungsstörungen: du wirkst manchmal wie erstarrt. Minutenlang bewegst du dich nicht, auch deine Mimik bleibt eingefroren und du sagst kein einziges Wort.

- Du machst Grimassen, redest sinnlos, zappelst, du wiederholst Wörter und Sätze immer wieder.

2.16. Wie erkennst du, dass du eine Psychose hast?

Viele Anzeichen sind dieselben, die man auch bei einer Schizophrenie vorfindet. Deswegen lies diesen Punkt zusätzlich zu den folgenden Symptomen, die dich eine Psychose erkennen lassen können.

- Du hast Wahnvorstellungen, Halluzinationen, Sinnestäuschungen.

- Du denkst negativ und siehst alles nur negativ.

- Du kannst keine Gefühle wahrnehmen.

- Deine Gefühle sind manchmal ganz anders, als es der Situation entspricht. Du analysierst Sachen oft falsch.

- In deinen Gedanken geht alles durcheinander.

- Du führst deine Aufgaben nicht zu Ende oder brauchst sehr lange. Wenn man normalerweise eine Stunde braucht, brauchst du zehn Stunden.

- Du versuchst die Realität umzudeuten und siehst Dinge verkehrt. Du interpretierst vieles anders, als es ist.

- Du denkst irrational und oft nur negativ.

- Du fühlst dich fremdgesteuert. Du hast das Gefühl, dass jemand von dir Besitz ergriffen hat.

- Du hast das Gefühl, kontrolliert zu werden.

- Du bist überzeugt von Sachen, die nicht wahr sind: Du bist ein Star, ein bekannter Sportler oder Sänger.

- Du hörst Stimmen, die dir fremd vorkommen und dir zum Beispiel Befehle geben oder mit dir schimpfen.

- Du fühlst dich fälschlicherweise von Leuten bedroht.

- Du siehst mit voller Überzeugung in vielen Dingen und Handlungen Komplotte gegen dich. Zum Beispiel denkst du, dass jemand, der dir Zucker in deinen Tee gibt, dich vergiften will. Jemand will dich grüßen, du glaubst, dass er dich schlagen will.

- Du glaubst, dass du ständig manipuliert wirst.

- Du bist unruhig.

- Du bist ständig müde und antrieblos.

- Du hast Schwierigkeit beim Einschlafen.

- Du hast Angst.

- Du hast Konzentrationsschwierigkeiten.

- Du hast Probleme bei der Arbeit, kannst bestimmte Sachen nicht mehr richtig anordnen bzw. brauchst immer ein bisschen länger, bis du verstehst, was man dir sagen will.

- Alles dauert bei dir sehr lange.

- Du bist oft depressiv.

- Du hast Ess- und Schlafstörungen.

- Das hast Probleme beim Durchdenken von Dingen. Es kostet dich zu viel Anstrengung.

- Du vergisst schnell Dinge und hast Schwierigkeiten, bis zum Ende zu denken.

- Du springst von einem Thema zum anderen.

- Du hörst bei Gesprächen gar nicht richtig zu.

- Du stehst morgens sehr schwer auf und willst nicht arbeiten.

- Du vernachlässigst deine Aufgaben im Haushalt.

- Du bist manchmal ungepflegt.

- Du denkst manchmal darüber nach, dich umzubringen.

- Du bist aggressiv, hasserfüllt, feindselig.

- Du beendest Beziehungen und Kontakte zu Freunden.

- Du bist sexuell frustriert.

2.17. Wie erkennst du, dass du an Borderline leidest?

„Borderline-Persönlichkeitsstörung (abgekürzt BPS) oder emotional instabile Persönlichkeitsstörung des Borderline-Typs ist die Bezeichnung für eine Persönlichkeitsstörung, die durch Impulsivität und Instabilität in zwischenmenschlichen Beziehungen, Stimmung und Selbstbild gekennzeichnet ist. Bei einer solchen Störung sind bestimmte Bereiche der Gefühle, des Denkens und des Handelns beeinträchtigt, was sich durch negatives und teilweise paradox wirkendes Verhalten in zwischenmenschlichen Beziehungen, sowie in einem gestörten Verhältnis zu sich selbst (siehe Identität) äußert. Die BPS wird sehr häufig von weiteren Belastungen begleitet, darunter dissoziative Störungen, Depressionen sowie verschiedene Formen selbstverletzenden

Verhaltens (SVV). Die Störung tritt häufig zusammen mit anderen Persönlichkeitsstörungen auf (hohe Komorbidität)." (Wikipedia)

- Du hast extreme Gefühlsschwankungen.
- Du hast Probleme, deine Emotionen zu kontrollieren.
- Du hast Persönlichkeitsdefizite und hast keine Werte.
- Deine Gefühle fahren Achterbahn.
- Du liebst dich selbst nicht, hast ein falsches Bild von dir selbst und von deinen Gefühlen.
- Du hast Minderwertigkeitskomplexe, wenig Selbstbewusstsein und Selbstvertrauen.
- Du hast Angst und bist oft unter Druck und Anspannung.
- Du hast Angst vor dem Alleinsein.

- Du hast Stimmungswechsel in kurzen Abständen.

- Du hast oft ein Gefühl der Leere.

- Du bist verzweifelt und glaubst, dass sich nichts mehr lohnt.

- Du siehst dich selbst als böse an.

- Du hast Selbstmordgedanken.

- Du möchtest dich selbstverletzen (oder tust es schon).

- Du bist voller Wut und Hass, du schlägst dich selbst.

- Du bist schnell reizbar.

- Du leidest unter Realitätsverlust und siehst alle als deine Feinde, auch Menschen, die dir sehr gut tun und immer zu dir halten. Du denkst, dass sie dich nur ausnutzen und nicht gut zu dir sind.

- Du bist egoistisch, undankbar und rücksichtslos gegen andere.

- Du wertest deine Beziehungen ab, auch wenn sie schön waren und dir gut getan haben.

- Du hast Essstörungen mit Heißhungerattacken, Übergeben oder ähnlichem. Du missbrauchst das Essen, Alkohol, Zigaretten und Co.

- Du hast Schlafstörungen.

- Du bist antrieblos, lustlos, faul und ständig müde.

- Es fehlt dir manchmal schwer, aus dem Bett zu kommen, deine Zähne zu putzen oder dich zu waschen (Depressionszeichen).

- Du brichst oft in Tränen aus.

- Die anderen sagen dir, dass du verletzend und unzuverlässig bist.

2.18. Wie erkennst du, dass du an Demenz leidest oder leiden wirst?

Zeichen dafür, dass du vielleicht Demenz hast oder Demenz haben wirst:

- Du hast zunehmend Merkfähigkeitsstörungen.

- Du hast Gedächtnislücken und Gedächtnisverluste. Deine geistige Leistungsfähigkeit sinkt und sogar nahe Verwandte erkennst du nicht mehr.

- Du hast Sprachschwierigkeiten und Schwierigkeiten bei der Wortfindung.

- Du benutzt einfachere Worte.

- Deine Sätze werden kürzer und du sprichst sie nicht zu Ende.

- Du tust Dinge wohin, wo sie nicht hingehören, zum Beispiel einen Topf in den Kleiderschrank, oder eine Socke in Kühlschrank.

- Du hast zeitliche, örtliche und/oder räumliche Desorientierung.

- Du wirst immer passiver.

- Dein Gang ist unsicher.

- Du bist unfähig, Alltagsaufgaben ohne Unterstützung zu erledigen.

- Du hast plötzliche und unvorhersehbare Stimmungsschwankungen.

- Du hast unkontrollierbare aggressive und depressive Gefühle.

- Du verlierst die Kontrolle über deine Blase und deinen Darm.

- Du hast Schluckstörungen.

- Du hast Krampfanfälle.

2.19. Wie erkennst du, dass unter Zwangsstörungen leidest?

- Du musst etwas immer wieder tun (oder willst dies zumindest).

- Du fühlst dich unfähig, gewisse Handlungen oder Gedanken loszulassen, obwohl du dir bewusst bist, dass sie unsinnig sind.

- Du bist ständig im Alarmzustand und kannst dies nicht so einfach abstellen.

- Du wirst von einem Gedanken so lange gequält, bis du ihm nachgibst.

- Wenn du versuchst, dich gegen einen Drang zu wehren, wird er nur noch stärker.

- Du denkst ständig daran, verunreinigt werden zu können: Du hast Angst davor, dich mit Krankheiten zu infizieren.

- Du bereust ständig, Dinge getan oder nicht getan zu haben.

- Du hast ständig Befürchtungen, dass etwas Schlimmes passieren könnte.

- Du hast Kontrollsucht. Du siehst Bedrohungen überall, wenn du nicht alles unter Kontrolle hast. Diese Kontrollen musst du mehrmals durchführen und immer wieder überprüfen, um sicher zu sein.

- Du kannst nicht sofort die Wohnung verlassen, sondern brauchst eine halbe Stunde dafür, um vorher mehrmals alle elektronischen Geräte, besonders den Herd, zu kontrollieren. Du musst wiederholt sicherstellen, ob auch wirklich alle Fenster geschlossen und alle Lichter und Stecker abgeschaltet sind.

- Du bildest dir zum Beispiel ein, dass der Herd an ist und musst unbedingt nachschauen, obwohl du seit Tagen nicht gekocht hast und den Herd überhaupt nicht angemacht hast.

- Du hast zwanghafte Angst, du oder deine Angehörigen könnten krank werden.

- Du hast Angst, dich oder andere Menschen durch Berührung mit gefährlichen Substanzen oder Erregern anzustecken.

- Du fühlst dich verseucht, weil du glaubst mit ekelerregenden Substanzen in Berührung gekommen zu sein.

- Du hast übersteigerte Symmetriebedürfnisse.

- Du hast bei besonderen Anlässen, an besonderen Orten (wie in der Kirche, in der Öffentlichkeit, auf dem Fußballplatz, während eines

Spiels) das Bedürfnis, etwas Verrücktes oder Unpassendes zu machen: auf dem Platz aufspringen und sich nackt zeigen, ordinären Beschimpfungen von sich geben, oder Gott lästern.

- Du hast den krankhaften Drang, stehlen zu müssen (Kleptomanie).

- Du hast Sozialphobie.

- Du hast Panikstörungen.

- Du bist depressiv.

- Du hast hartnäckige „perverse" sexuelle Gedanken, bezogen zum Beispiel auf Freunde, Kinder (Pädophilie), oder Familienmitglieder (Inzest).

2.20. Wie erkennst du, dass dein Kind unter Zwangsstörungen leidet?

- Das Kind hat den übermäßigen Drang, Dinge zu ordnen, zu wiederholen, zu zählen und zu sortieren.
- Das Kind übertreibt mit bestimmten Handlungen: Es wäscht sich ständig die Hände oder duscht ständig.
- Das Kind hat einen übertriebenen Drang nach Sauberkeit.
- Das Kind hat fast eine Phobie davor, sich mit Krankheiten anzustecken.

Mehr zu diesem Punkt in **„Smart Coaching Kids: wie erkennst du, dass dein Kind...?"**

2.21. Wie erkennst du, dass du Kleptomane bist?

- Du hast immer wieder den unwiderstehlichen Drang, Dinge zu stehlen.

- Du stiehlst bedeutungslose Dinge, die du gar nicht brauchst, die du danach irgendwo ansammelst und wieder wegwirfst oder verschenkst.

- Du spürst direkt vor dem Diebstahl eine steigende innere Spannung/Erregung oder sogar sexuelle Lust.

- Du fühlst dich während bzw. nach der Tat kurzfristig innerlich befriedigt.

- Du hast danach Schamgefühle und ein schlechtes Gewissen, kannst es aber trotzdem nicht lassen.

- Du versuchst, deine Taten zu verheimlichen.

2.22. Wie erkennst du, dass jemand Alkoholiker ist?

(Diese Symptome gelten auch für dich, wenn du wissen willst, ob du ein Alkoholproblem hast)

- Du nimmst bei dieser Person eine deutliche Alkoholfahne wahr.

- Er rechtfertigt sein Trinken und besteht darauf, dass er kein Alkoholiker ist.

- Er denkt häufig an Alkohol.

- Seine Hände zittern.

- Er zittert am Morgen, das Zittern verschwindet im Laufe des Tages.

- Er trinkt häufig, um seine Stimmung aufzuhellen.

- Er versucht, sein Trinken zu verheimlichen.

- Er lügt über die Menge an Alkoholkonsum.

- Er verspricht aufzuhören, zu trinken, schafft es aber nicht.

- Er hat gerötete Haut, besonders im Gesicht.

- Er hat Rötungen und Schwellungen an den Augen.

- Er hat Rötungen am Daumen- und Kleinfingerballen.

- Er hat Entzugserscheinungen, wenn er nicht trinkt (Wut, Zittern, Schwitzen, Zappeln, Nervosität).

- Er schwitzt vermehrt.

- Er hat immer wieder Streit wegen seines Trinkverhaltens.

- Bei kleinsten Problemen greift er zum Alkohol, um sich zu beruhigen.

- Wenn er den Drang hat zu trinken, findet er immer eine Möglichkeit dazu, auch wenn er zum Beispiel dafür spät nachts im Winter zur Tankstelle gehen muss.

- Er stellt wegen des Alkoholkonsums andere Aktivitäten ein.

- Er ist schlecht gelaunt, gereizt, nervös, unruhig, aggressiv oder depressiv, wenn er nicht getrunken hat. Diese Symptome verschwinden durch erneuten Alkoholkonsum.

- Er hat Schlafstörungen, wenn er nicht getrunken hat.

- Besonders morgens wird ihm ohne Alkohol übel.

- Er hat Essstörungen, isst weniger, und hat wenig Appetit.

- Er hat Verdauungsprobleme (Verstopfung, Durchfall, Blähungen) und stößt oft auf.

- Er wird nachlässig.

- Er fängt schon frühmorgens mit dem Trinken an.

- Er verliert die Kontrolle über die Menge, die er trinkt, und kann sich nicht zurückhalten.

- In der Öffentlichkeit versucht er so zu tun, als würde er nichts trinken.

- Er trinkt viel vor Verabredungen, um währenddessen nicht trinken zu müssen, damit keinem sein übermäßiger Alkoholkonsum auffällt.

- Er hat sexuelle Störungen: die Potenz lässt nach oder ist erst mit Alkohol richtig da.

- Er hat unerklärliche Entzündungen an der Nase.

- Er hat starke Stimmungsschwankungen.

- Er hat Konzentrationsprobleme.

- Er hat Seh- und Pupillenstörungen.

- Seine Zähne werden schlechter und verfärben sich.

- Er hat Schmerzen in den Beinen.

- Er klagt ständig über Atem-, Herz- und Kreislaufprobleme.

- Er hat Probleme mit Darm und Magen.

- Er hat Gewichtschwankungen (am Anfang nimmt er zu und später ab).

- Er wird nachlässig und vergesslich.

- Er zieht sich immer mehr von der Gesellschaft zurück, damit er unbemerkt und ungestört weiter trinken kann.

- Er ist gewalttätig und strafauffällig.

- Er zeigt körperlich und psychisch verminderte Leistungen, auch im Beruf.

- Er hat Koordinations- und Bewegungsstörungen.

2.23. Wie erkennst du deine Feinde, Heuchler und falsche Freunden?

Durch ganz einfache Beobachtungen erkennt man, wer zwar mit dir lacht, jeden Tag mit dir einen trinken geht, dir Hallo sagt, dich aber in Wahrheit verwünscht. So erkennst du deine Feinde und falsche Freunde.

Manchmal reicht nur eines der Zeichen, damit du die Situation schnell erkennen kannst:

- Sie sind da, wenn es dir gut geht, sobald es dir schlecht geht aber nicht mehr.

- Sie schmeicheln dir und machen dir ständig falsche Komplimente.

- Sie sagen dir nie die Wahrheit, auch wenn sie merken, dass du einen großen Fehler machst.

- Wenn sie Hilfe brauchen, bist du immer für sie da, aber wenn du Hilfe brauchst, sind sie zufällig aus irgendwelchen Gründen nicht da, da immer etwas dazwischenkommt und sie verhindert.

- Sie jammern wochenlang über ihre Probleme und suchen Zuneigung. Willst du nur einmal über deine eigenen Sorgen sprechen, wollen sie sich nicht damit beschäftigen: Sie sagen, dass du übertreibst oder wechseln das Thema.

- Wenn sie ständig etwas von dir wollen: Dein Auto, dein PC, oder ähnliches.

- Sie reden hinter deinem Rücken schlecht über dich.

- Sie verleumden dich, und bringen Gerüchte über dich in Umlauf.

- Sie machen deinen Partner an.

- Sie reden schlecht über deinen Partner.

- Wenn du Streit mit deinem Partner hast, verschlimmern sie mit ihren Ratschlägen die Situation und drängen dich subtil zur Trennung.
- Sie wollen nicht, dass du andere Freunde hast als sie.
- Sie lachen und sind nett zu dir, wenn ihr alleine seid. Sind andere Menschen da, verhalten sie sich anders, sogar unfreundlich, distanziert oder machen dich „spaßeshalber" runter.
- Sie belauschen dich und fragen sogar andere Leute, was diese gerade mit dir besprochen haben.
- Sie wollen in deine sozialen Kreise eindringen und sich beliebt machen, während du in ihren sozialen Kreisen nicht willkommen bist.
- Sie meinen, ihr seid gute Freunde, aber unternehmen nur mit anderen und selten mit dir etwas, außer wenn sie Kummer haben, sich

schlecht fühlen oder etwas von dir wollen, denn du bist eine gute Energiequelle.

- Sie sagen dir, dass sie etwas Negatives über dich gehört haben, verraten aber nicht woher und von wem (obwohl sie wahrscheinlich sogar dabei waren).

- Sie verpfeifen dich.

- Sie beneiden dich.

- Sie wollen immer nehmen und geben selbst fast nie etwas zurück.

- Sie imitieren, was du tust. Kaufst du dir neue Schuhe, kaufen sie sich auch neue Schuhe.

- Sie lieben alles, was du auch liebst.

- Sie wollen das auch haben, was du hast.

- Sie reden ständig nur über sich.

- Sie reden schlecht über alles, was dir gut tut.

- Sie bringen immer Zweifel in deine Pläne.

- Sie machen dir ständig Angst und ein schlechtes Gewissen.

2.24. Wie erkennst du deinen Neider?

- Er kann sich nicht über deine Erfolge und dein Glück freuen. Er ist sogar krank, wenn es dir gut geht.

- Er versucht alles schlecht zu reden, was dir gehört.

- Er macht deinen Partner an.

- Er sagt gezielt naive Dinge über dich zu deinem Partner oder stellt ganz gezielte Fragen (Zum Beispiel: "Wie geht es Klaus heute? War euer Abend gestern gut? Ist es ein gutes Lokal?". Während er genau weiß, dass Klaus ohne dich aus gewesen war) Er weiß, dass die Information die Beziehung belasten wird, tut aber so, als wäre er ein guter Freund.

- Er verleumdet dich, lästert und bringt Gerüchte in Umlauf.

- Er hat ein falsches und gezwungenes Lachen, wenn er mit dir redet.

- Er vergleicht sich ständig mit dir und will alles haben, was du hast.

- Er imitiert dich heimlich.

- Er lacht mit dir, redet aber hinter deinem Rücken schlecht über dich.

- Er spioniert dir nach und stellt deinen Bekannten Fragen über dich.

- Er tut alles, um dich auszubremsen.

- Er versucht immer, dir ein schlechtes Gewissen zu machen und dich zum Zweifeln zu bringen.

- Er geht heimlich an deinen Arbeitsplatz und versucht, deine Arbeit negativ zu manipulieren, damit du scheiterst oder Probleme mit anderen bekommst.

- Er stellt dir heimlich nach.

- Er freut sich gern und lacht, wenn dir etwas Schlechtes passiert ist.

2.25. Wie erkennst du, dass du gemobbt wirst?

- Du wirst immer wieder und seit längerer Zeit vor anderen Menschen lächerlich gemacht.

- Du betrittst einen Raum und plötzlich verstummen alle anderen.

- Wenn du dich abwendest, hörst du die anderen auf einmal (dich aus-) lachen.

- Du wirst gemieden (du sitzt irgendwo und niemand setzt sich zu dir, auch nicht in deine Ecke oder in deine Nähe).

- Du kommst irgendwo an und alle anderen stehen auf und gehen weg, einer nach dem anderen.

- Du wirst ständig mit unfreundlichen Umgangstönen konfrontiert, wenn du zum Beispiel nur eine Frage stellst.

- Deine Ideen und geistigen Leistungen werden einfach geklaut und ohne dich umgesetzt.

- Deine Arbeitsmittel werden manipuliert, zerstört oder geklaut.

- Du wirst immer für Fehler, die du nicht begangen hast, verantwortlich gemacht.

- Du wirst ständig und kontinuierlich mit Vorwürfen konfrontiert, sogar Diebstahl wird dir vorgeworfen.

- Deine Meinung wird nicht gefragt, obwohl die Sache dich auch angeht.

- Du wirst nicht informiert oder gar eingeladen, wenn Kollegen sich zu gemeinsamen Unternehmungen treffen.

- Du bekommst immer zufällig Gespräche über dich und deine Arbeit mit.

- Du wirst ständig umsonst und zu Unrecht kritisiert.

- Es wird dir ständig Böses unterstellt.

- Du wirst ständig verleumdet, ohne dass dir die Ursache dieser Gerüchte bekannt ist.

- Du wirst für kleinste Fehler fertig gemacht.

- Man zweifelt ohne Grund an deinen Fähigkeiten.

- Man gibt dir Aufgaben, die weit unten deinem Niveau sind (Zum Beispiel Botendienste als gelernter Ingenieur) oder anspruchsvolle Arbeit, die dich bewusst überfordern soll. Dies wird benutzt, um dich fertig zu machen, deine Unfähigkeit zu beweisen und dich als Versager darzustellen.

- Du wirst willkürlich versetzt.

- Dein Urlaub wird dir verweigert.

- Du bekommst für dich unmögliche Arbeitszeiten (zum Beispiel eine alleinerziehende Frau, die ihre Kinder erst um 7 in den Kindergarten bringen kann, ihre Arbeit aber schon um 6:30 oder am Wochenende beginnen muss).

- Du bekommst Drohungen, sogar von körperlicher Gewalt; auch Telefonterror wird eingesetzt.

2.26. Wie erkennst du, dass dein Kind gemobbt wird?

Wenn mehrere dieser Verhaltensweisen zutreffen, ist die Wahrscheinlichkeit groß, dass dein Kind gemobbt wird:

- Das Kind zieht sich zurück, ohne eine Erklärung dafür zu geben.

- Das Kind will sich nicht mehr mit Freunden treffen und verbringt die Zeit lieber allein mit seinem Laptop oder an der PlayStation.

- Das Kind hat plötzlich Angst vor anderen Kindern.

- Das Kind fängt an, an seinen Fingernägeln zu kauen.

- Das Kind wird depressiv.

- Das Kind hat Angst und will nicht mehr von der Schule oder dem Sport reden.

- Das Kind will nicht mehr zur Schule oder zum Sport gehen.

- Dem Kind wird Gewalt angedroht oder es kommt sogar mit Verletzungen, blauen Flecken, Prellungen und Kratzern nach Hause.

- Das Kind klagt, dass es ausgelacht wird, dass niemand es mag und niemand mit ihm spielen will.

- Das Kind verliert immer wieder persönliche Dinge, wie Schulsachen, Kleidungsstücke, Sportsachen und andere Gegenstände; oder diese werden, während es unterwegs ist, beschädigt.

- Das Kind beklagt sich, dass es bei Mannschaftsspielen gar nicht mitmachen darf, immer als letztes ausgewählt oder an undankbare Positionen gestellt wird (zum Beispiel als Torwart beim Fußball).

- Das Kind erzählt, dass es in der Pause immer alleine ist.

- Das Kind will plötzlich Geld oder entwendet es sogar, ohne zu fragen.

- Das Kind hat einen schnellen Leistungsabfall.

- Das Kind wird gewalttätig und aggressiv.

- Das Kind wirkt deprimiert und schüchtern.

- Das Kind hat Schlafstörungen.

- Das Kind hat Essstörungen (es hat kaum noch Appetit und nimmt ab oder isst nun zu viel, stopft alles in sich hinein und nimmt zu).

- Das Kind kann sich kaum noch konzentrieren.

- Das Kind hat plötzlich unerklärbare Krankheiten und klagt über Kopf- oder Bauchschmerzen.

- Das Kind bricht leicht in Tränen aus, wenn man bestimmte Fragen stellt (zum Beispiel: Hast du

Probleme in der Schule? Wollen keine anderen Kinder mit dir spielen? Warum kommt dich Bernd nicht mehr besuchen? usw.).

- Das Kind schämt sich neuerdings für Dinge, mit denen es früher keine Probleme hatte.

- Das Kind schämt sich sogar, mit dir auszugehen, und sich mit seinen Eltern zu zeigen.

- Das Kind will bestimmte Kleidung oder Schuhe nicht mehr tragen.

- Das Kind kritisiert auf einmal alles: sein oder dein Aussehen, dein Verhalten, alles, was zu ihm und seinem sozialen Umfeld gehört. Zuhause gefällt es ihm nicht mehr, oder es schämt sich sogar dafür.

- Das Kind hat plötzlich Minderwertigkeitskomplexe.

- Das Kind wirkt erschöpft und antrieblos.

2.27. Wie erkennst du, dass du verleumdet wirst und dass über dich hinter deinem Rücken geredet wird?

- Du wirst gemobbt.

- Sobald du Dinge hörst wie:

  „Wir haben gehört, dass du..."

  „ Es geht das Gerücht herum, dass du..."

  „Man hat mir gesagt, dass du..."

  „Stimmt es, dass du..." (oder ähnliches)

  dann kannst du dir sicher sein, dass hinter deinem Rücken über dich geredet wurde. Wenn dir daraufhin niemand sagen will, woher er diese Information hat, dann wirst du auch verleumdet.

- Falsche Verdächtigungen, Lügen und Behauptungen werden über dich verbreitet.

- Es werden dir Sachen nachgetragen, die du nicht getan hast.

- Du wirst als schuldig angesehen, obwohl es keine Beweise gegen dich gibt. Wenn du Beweise vorlegst, werden diese ignoriert.

- Alles, was du sagst, wird absichtlich falsch verstanden und gegen dich benutzt.

- Es wird üble Nachrede gegen dich betrieben.

- Leute unterbrechen ihre Unterhaltungen, wenn du hereinkommst.

- Dein enges Umfeld (sei es Familie, Arbeitskollegen oder Sportsfreunde) distanziert sich von dir, geht dir aus dem Weg oder ist plötzlich kalt oder unfreundlich zu dir.

2.28. Wie erkennst du, dass gegen dich komplottiert wird, oder dass du sabotiert wirst?

Es gibt klare Hinweise, wenn jemand gegen dich arbeitet und etwas gegen dich geplant hat. Du kannst darauf schließen, wenn folgende Verhaltensweisen zu beobachten sind:

- Falsche Verdächtigungen, Lügen und Behauptungen gegen dich werden verbreitet.

- Plötzlich verhalten sich die Leute dir gegenüber alle gleich, als ob sie es gemeinschaftlich abgesprochen hätten.

- Es werden dir Sachen nachgetragen, die du nicht getan hast.

- Du wirst als schuldig angesehen, obwohl es keine Beweise gegen dich gibt. Wenn du Beweise vorlegst, werden diese ignoriert.

- Du hörst bis aufs Komma identische Vorwürfe von verschieden Personen.

- Alles was du sagst, wird absichtlich falsch verstanden und gegen dich benutzt.

- Falsche Gerüchte und Vermutungen werden über dich in Umlauf gebracht.

- Es wird üble Nachrede gegen dich betrieben.

- Plötzlich gehen dir Menschen, mit denen du früher gut auskamst, aus dem Weg und vermeiden den Kontakt mit dir.

- Niemand will sich mit dir zeigen. Privat kannst du mit Personen reden, aber in der Öffentlichkeit oder in der Präsenz von Kollegen vermeiden dich sogar sicher geglaubte Freunde.

- Leute unterbrechen ihre Unterhaltungen, wenn du hereinkommst.

- Falsche Informationen werden dir zugespielt.

- Falsche Liebe wird dir vorgespielt, um dich auszuhorchen und Geheimnisse zu erfahren, die man wiederum gegen dich einsetzt.

- Man ist ohne Grund überschwänglich nett und lieb zu dir.

- Du wirst gemobbt.

- Du wirst unter Druck gesetzt.

- Du kannst fast den Hass der Menschen spüren, die gegen dich komplottieren.

- Deine Arbeit wird ständig sabotiert und manipuliert.

- Du wirst ausspioniert.

- Eine Gruppe dieser Menschen schließt sich gegen dich zusammen (Verschwörung).

- Entscheidungen, die dich auch betreffen, werden ohne dich getroffen.

- Es wird dir Arbeit zugeteilt, die weit über deinen Kompetenzen liegt, damit du Fehler machst. Alternativ bekommst du viel zu leichte Arbeit, um dich zu Ärgern und zum Fehler machen zu bringen, sowie um in dir emotional minderwertige Gefühle hervorzurufen Es wird dir Angst gemacht.

- Du wirst eingeschüchtert.

- Dein enges Umfeld (sei es Familie, Arbeitskollegen oder Sportsfreunde) distanziert sich ohne Grund von dir und niemand sagt dir, was los ist.

2.29. Wie erkennst du, dass du manipuliert wirst?

- Wenn jemand sein Verhalten plötzlich ändert und überschwänglich freundlich und nett, oder auch böse, hart und drohend ist.

- Wenn man versucht, dir das Gefühl von Schuld zu vermitteln.

- Wenn Gerüchte und Vermutungen über dich ohne Quellenangabe in Umlauf gebracht werden.

- Wenn jemand sich wiederholt vor dir selbst bemitleidet, wie zum Beispiel: „Ich fühle mich so ungeliebt, krank, oder als Opfer."

- Wenn jemand etwas überschwänglich lobt oder sich selbst lobt.

- Wenn du angelogen wirst.

- Wenn man versucht, in dir Angst und Sorgen zu erwecken.

- Wenn man dir ungerechtfertigte Vorwürfe und Unterstellungen macht.

- Wenn man dich ohne Beweise einer Sache verdächtigt.

- Wenn man dich umsonst zappeln lässt.

- Wenn Drohungen, persönliche Angriffe und Einschüchterung ins Spiel kommen.

- Wenn man dir ein schlechtes Gewissen machen will.

- Wenn man versucht, dich zu überrumpeln.

- Wenn man dich vor gezwungene Alternativen stellt („Entweder du... oder ich ...).

- Wenn man dich zwingt und bedrängt, dich sofort zu entscheiden.

- Wenn jemand mit dir im Gespräch Vereinbarungen trifft und diese danach uminterpretiert, sie nicht einhält oder gar nicht umsetzt.

- Wenn jemand seine scheinbare Hilflosigkeit zur Schau stellt, ohne dich direkt um Hilfe zu bitten.

- Wenn man dir gegenüber plötzlich aggressiv wird oder Gefühlsausbrüche bekommt.

- Wenn man dir unvollständige oder falsche Informationen gibt.

- Wenn dein Gegenüber sehr auf seine Körpersprache achtet.

- Wenn jemand dir etwas Gutes getan hat oder dir geholfen hat und dich aber im Folgenden ständig daran erinnert obwohl du dich schon mehr als genug dafür bedankt hast.

- Wenn man dir Liebe und Aufmerksamkeit für einen Moment entzieht.

- Wenn man dich ignoriert und nicht beachtet.

- Wenn eine Frau weint und dabei gar nicht traurig, sondern eher aggressiv aussieht.

- Wenn du gemobbt wirst.

2.30. Wie erkennst du, dass er/sie lügt?

- Er vermeidet direkten Blickkontakt und lässt den Blick durch den Raum schweifen.

- Er lacht viel und zieht unkontrollierte Grimassen, um dich abzulenken.

- Wenn er deine Zweifel bemerkt, schaut er dir demonstrativ direkt in die Augen, sich nicht als Lügner zu entblößen (siehe erstes Zeichen: kein Blickkontakt).

- Er lacht falsch und gezwungen.

- Er widerspricht sich.

- Er tendiert dazu, im Gespräch sich ständig an die Nase, an den Bart, an den Kopf oder ans Ohrläppchen zu fassen.

- Er wechselt schnell das Thema.

- Er wiederholt vorher gestellte Fragen.

- Er schwört theatralisch und übertrieben (Zum Beispiel: Ich schwöre bei Gott, Gott sei mein Zeuge).

- Er ist hektisch und unruhig.

- Seine Stimme zittert und stottert, wird schneller und langsamer.

- Er errötet im Gesicht.

- Er wird aggressiv, wenn du auf Dingen bestehst.

- Seine Augen glänzen mehr, er verliert die Kontrolle über seine Pupillen und blinzelt schneller.

- Er will häufig schnell gehen, um Diskussionen zu entgehen.

- Er ändert sein Verhalten.

- Er verwirrt dich.

- Er wird lauter als du, um dir Angst zu machen.

- Er verweigert Antworten und Gespräche, wenn er weiß, dass er keine Chance mehr hat.

- Er wird ungeduldig und irritiert, wenn du Nachfragen stellst.

- Wenn du ihm vorwirfst zu lügen, wird er sauer, beschuldigt dich der Verleumdung und ist beleidigt (bis hin zu Tränen). Dabei nennt er keine konkreten Argumente, die ihn entlasten könnten.

- Er rechtfertigt sich oft und hat immer Entschuldigungen parat.

- Er kann auch aggressiv werden.

3. Sexualität

Beziehung

Freundschaft

Hier verwende ich das Wort „Partner" auf ge-
schlechtsneutrale Weise, was bedeutet, dass mit
„Partner" ein Mann oder eine Frau gemeint ist.
Dort, wo es um geschlechtsspezifische Hinweise
geht, werde ich auf eindeutige Begriffe wie „Partne-
rin, sie, Freundin oder Frau" beziehungsweise „er,
Freund oder Mann" zurückgreifen.

3.1. Wie erkennst du, dass dein Partner dich liebt?

- Der Partner sagt, dass er dich liebt (Sprache, vor allem in westlichen Beziehungen).

- Der Partner zeigt dir, dass er dich liebt (Liebesbeweise, vor allem in afrikanischen Beziehungen).

- Der Partner verbringt viel Zeit mit dir. Er will, so oft er kann, in deiner Nähe sein.

- Der Partner unternimmt viel mit dir.

- Der Partner kümmert und sorgt sich um dich.

- Der Partner verzeiht dir schnell deine Fehler.

- Der Partner macht dir Komplimente.

- Der Partner will oft mit dir schlafen.

- Der Partner macht dir ständig kleine Geschenke.

- Der Partner will, dass es dir gut geht.

- Der Partner ist immer für dich da, wenn es dir einmal nicht gut geht.

- Der Partner stellt dich seiner Familie, Freunden und Bekannten vor.

- Der Partner nimmt dich zu Familienfeiern mit.

- Der Partner respektiert und achtet dich.

- Der Partner akzeptiert, dass jeder seinen Freiraum und Freizeit für sich selbst braucht.

- Der Partner akzeptiert Grenzen und lässt dir auch deine Freiheit.

- Der Partner zweifelt nicht. Er glaubt und vertraut dir blind.

- Der Partner bedrängt dich nicht und akzeptiert deinen Willen und deine Wünsche.

- Der Partner akzeptiert, dass du auch ganz allein mit deinen Freunden etwas unternehmen kannst.

- Der Partner ist ehrlich zu dir.

- Der Partner gibt auch seine Fehler zu.

- Der Partner freut sich über deine Erfolge und unterstützt dich dabei.

3.2. Wie erkennst du, dass er fremdgeht?

- Er muss auf einmal länger arbeiten.

- Geschäfts- und berufsbedingte Reisen häufen sich.

- Er will nicht mehr mit dir schlafen (europäische Männer).

- Er will noch häufiger mit dir schlafen (afrikanische Männer).

- Er rasiert sich auf einmal immer gründlicher und benutzt plötzlich Aftershave.

- Er duscht nun jeden Tag (falls er das früher nicht tat) und auch abends, wenn er angeblich mit Freunden unterwegs ist.

- Er wechselt seine Kleidung nun jeden Tag, obwohl er dies früher nicht getan hat.

- Er kauft sich neue Unterwäsche.

- Er bringt dir oft ungewöhnliche Geschenke mit.

- Er ermutigt dich zu reisen, zum Beispiel eine Freundin über das Wochenende zu besuchen oder in den Ferien alleine zu deinen Eltern zu fahren.

- Er interessiert sich immer mehr für deine Terminplanung.

- Er kritisiert viel an deinem Aussehen.

- Er hat auf einmal großen Appetit.

- Er zeigt viel Verständnis für dich und überlässt dir viel Freiheit.

3.3. Wie erkennst du, dass deine Partnerin dich mit einem anderen Mann betrügt?

- Ist er ein Mann, den du kennst, redet sie plötzlich nicht mehr über ihn.

- Der Name eines neuen Mannes (Arbeitskollege, Mitbewohner, Nachbar, Bekannter) kommt hin und wieder auf.

- Sie will keinen Sex und Körperkontakt mehr mit dir.

- Sie schenkt dir kaum noch oder auffällig viel Aufmerksamkeit.

- Sie nimmt plötzlich ab und interessiert sich immer mehr für ihre Figur.

- Sie kauft sich neue Sachen und besonders modische Kleidung und Schuhe.

- Sie kauft sich neue Unterwäsche.

- Sie kauft sich neue Kosmetikartikel.

- Sie hat ein neues Deo.

- Sie rasiert sich nun jeden Tag die Beine und den Intimbereich.

- Es wirkt, als verheimliche sie Dinge auf ihrem Handy und ihrem Computer, die jetzt passwortgeschützt sind. Das Handy trägt sie ständig bei sich und versendet in deiner Anwesenheit keine SMS mehr.

- Sie ist plötzlich schlecht gelaunt, wenn sie von der Toilette kommt und eine SMS gelesen hat, will dir aber nicht sagen, was los ist.

- Auf einmal ist ihre Freundschaft mit einer bestimmten Freundin wieder sehr intensiv und sie unternehmen viel (was nur als Ausrede dienen könnte, um einen Liebhaber zu treffen).

- Sie telefoniert auf einmal sehr viel und oft mit der besten Freundin und unterbricht das Gespräch, wenn du kommst.

- Sie wird aggressiv, wenn du nur fragst, was los ist.

- Sie hört neue Musik und kocht neue Gerichte.

- Sie ist morgens immer müde und sieht nicht ausgeschlafen aus (möglicherweise hat sie die ganze Nacht mit ihm gechattet).

- Sie hat auf einmal viele neue Ziele, will viele neue Sachen und Hobbys ausprobieren.

- Sie geht nicht direkt ans Telefon, sondern ruft etwas später zurück (sehr wahrscheinlich ist sie bei ihm). Genauso braucht sie länger, um auf eine SMS zu antworten.

- Sie interessiert es kaum, was du machst, wohin du gehst und ähnliches.

- Sie isst weniger, aber dafür ungesünder.

- Sie hat plötzlich ein Schamgefühl dir gegen-über (zum Beispiel ist sie aufgebracht, wenn sie duscht und du ins Bad kommst. Sie fragt, ob du nicht anklopfen kannst?).

3.4.   Wie weißt du, mit wem sie dich betrügt?

Folgende Personen kommen in 90% der Fälle in Frage:

- Beginne bei deinem besten Freund.

- Ihr Kollege.

- Ihr Therapeut.

- Ihr Fitnesstrainer.

- Der Vater von Schulfreunden eurer Kinder.

- Ihr Chef.

- Ihr Bodyguard.

- Ihr Chauffeur.

- Ihr Kumpel.

- Der Gärtner bzw. der Handwerker.

3.5. Wie weißt du, mit wem er dich betrügt?

Männer versuchen zwar eher, dies zu verstecken, zeigen aber dennoch fast immer die gleichen Muster.

Frauen, die meist in Frage kommen sind:

- Sekretärin.

- Putzfrau.

- Kollegin.

- Ex-Freundin.

- Internet-Bekanntschaften.

3.6. Wie erkennst du, dass er mit dir Sex haben will?

- Er interessiert sich für dich und flirtet dich an.

- Er ist nett und zuvorkommend.

- Er lächelt dich ständig an.

- Er schleimt und macht dir viele schöne Komplimente.

- Seine Augen werden glasiger.

- Er hat ein komisches Grinsen zwischen gezwungener Nettigkeit, Scham und Freundlichkeit. Seine Stimme ist tiefer und unruhig, wenn er mit dir redet.

- Er schaut dir beim Gespräch immer direkt zwischen deine Augen und dein Dekolleté.

- Er ist romantisch mit dir.

- Er versucht lustig zu sein und zu bleiben.

- Er bietet dir eine Massage an.

- Er lädt dich zum Essen bei sich zu Hause ein.

- Er berührt dich manchmal ganz unauffällig und angeblich zufällig.

- Er fragt dich über deine Geheimnisse aus. Er will wissen, was dich bei Männern abturnt. Dadurch will er eigentlich die Möglichkeit nutzen, um dich auf etwas Sexuelles vorzubereiten.

- Er gibt Getränke aus ohne zu zählen. Er spendiert dir einen Drink nach dem anderen. Selbstverständlich alkoholische Drinks.

- Er tut so, als ob er dich ignorieren würde.

- Er sagt dir, dass er schon lange mit keiner Frau mehr geschlafen hat.

- Er sagt dir, dass er Single ist.

3.7.   Wie erkennst du, dass sie mit dir schlafen will?

- Sie interessiert sich für dich und flirtet dich an.

- Sie lädt dich zu sich ein.

- Sie macht dir sexuelle Komplimente.

- Sie streichelt ihre Wangen.

- Sie streichelt ihre Haare.

- Sie geht mit ihrer Zungen über ihre Lippen.

- Sie knabbert leicht an ihren Lippen.

- Sie geht oft mit ihrer Hand über ihre Brust (nicht der Busen ist hier gemeint, sondern die Stelle über ihrem Busen) und manchmal bis zum Hals.

- Sie streichelt sich am Nacken.

- Sie spielt mit dem Ring an ihrem Finger.

- Sie streicht mit ihren Fingerspitzen sanft am Rand des Glases entlang und schaut dabei zu dir.

- Sie versucht dich unauffällig zu berühren. Zum Beispiel, beim Aufstehen, streift sie dich mit ihrem Becken.

- Sie nähert sich dir körperlich. Sie fasst dich an und tut es auch ständig.

- Im Gespräch oder in ihren Nachrichten macht sie sexuelle Andeutungen und benutzt zum Beispiel dirty talk.

- Beim Gespräch schaut sie dir ständig auf den Mund und wechselt mit ihrem Blick hin und her zwischen deinem Mund und deinen Augen, manchmal lässt sie ihren Mund dabei leicht geöffnet.

- Entgegen weitverbreiteter Meinung und dem, was manche Flirtexperten sagen, streckt sie nicht ihren Busen nach vorne (aufrechter Rücken, Brust raus) im Gegenteil: sie zieht ihre Brust nach innen. Das erstere versteht die Psyche als Angriff, als zu Selbstbewusst. Das macht Angst oder irritiert. Die letztere Position zeigt Demut, wie sich „unterordnen" aber hier heißt es „du kannst mich nehmen".

3.8. Wie erkennst du, dass sie dich nicht mehr liebt?

- Sie zieht sich zurück und will nicht mehr mit dir schlafen.

- Sie geht fremd (bei westlichen Frauen).

- Sie nennt dich nicht mehr „Schatz".

- Gleichgültigkeit: Es ist ihr egal, wann du nach Hause kommst, wohin du gehst, ob du dich meldest oder nicht, mit wem du dich triffst.

- Du nervst sie, wenn es dir schlecht geht.

- Sie hat schlechte Laune, wenn du nach Hause kommst.

- Sie klagt über Beschwerden und simuliert Krankheit, wenn du da bist, wenn du aber weg bist, wird sie munter.

- Sie will nicht mehr, dass du ihr Geschenke machst.

- Deine Nettigkeit ärgert sie.

- Sie vermeidet Räume, in denen du bist.

- Sie ist respektlos, schätzt dich nicht mehr und hat ihre Achtung vor dir verloren.

- Wenn du da bist, telefoniert sie stundenlang mit einer Freundin.

- Auf dem Sofa sitzt sie verkrampft in einer Ecke und liest ein Buch.

- Sie fängt an zu lügen und Ausreden zu machen.

- Ihr habt wieder separate Freundeskreise.

- Bei kleinsten Unstimmigkeiten schreit sie dich an.

- Sie geht ungeniert fremd oder flirtet, ohne auf dich zu achten.

3.9. Wie erkennst du, dass er dich nicht mehr liebt?

- Er kriegt keinen mehr hoch, wenn du mit ihm schlafen willst.

- Er hat keine Lust, mit dir zu schlafen, masturbiert aber heimlich.

- Er will dich nicht mehr nackt sehen.

- Er meldet sich immer seltener.

- Er kommt immer später von der Arbeit.

- Er unternimmt nichts mehr oder immer weniger mit dir.

- Er zeigt sich ungern mit dir.

- Er versteckt seine Affäre gar nicht mehr vor dir.

- Er redet immer weniger mit dir, und wenn, dann nur das Nötigste und über belanglose Dinge.

- Er ekelt sich vor dir.

- Er kritisiert fast alles, was du machst, sowie dein Aussehen.

- Er schaut dir nicht mehr in die Augen, wenn du mit ihm reden willst.

- Er ist kalt und distanziert.

- Er beschimpft und beleidigt dich ständig.

- Er vermeidet Räume, in denen du bist.

- Der Blick in seinen Augen ist leer.

- Er hat keine Zeit mehr.

3.10. Wie erkennst du, dass er eifersüchtig ist?

- Er kontrolliert dich ständig. Zum Beispiel liest er deine SMS und Mails, fragt, mit wem du telefonierst, will sämtliche Informationen über den Mann, den du gerade begrüßt hast, und untersucht sogar deine Tasche und Unterlagen.

- Er verbietet dir, allein auszugehen, weil er Angst hat, dass du einen anderen Mann kennenlernst.

- Er ist besitzergreifend und versucht, dir den Kontakt zu anderen zu verbieten

- Er reagiert zickig, beleidigt oder sogar wütend, wenn du dich mit einem anderen Mann unterhältst.

- Er zittert beim Reden.

- Er will nicht, dass du mit einem anderen Mann tanzt.

- Er ist wütend, wenn du anderen Männern hinterherschaust.

- Er will schnell wieder gehen, wenn er merkt, dass Männer ein Auge auf dich geworfen haben.

- Er verhält sich vielleicht auch aggressiver als sonst.

- Er ist auf einmal reizbar und macht dir eine Szene.

- Er greift den anderen Mann an, mit dem du geredet oder getanzt hast.

- Er macht sich mit blöden und abwertenden Sprüchen über den anderen Mann lustig.

- Er küsst dich spontan in Anwesenheit anderer Männer.

- Er zieht sich zurück, redet nicht mehr mit dir, ignoriert dich, aber lässt erkennen, dass er sauer ist.

- Er ist sauer, wenn du dich hübsch machst, weil er Angst hat, dass Männer aufmerksam werden.

- Plötzliche Aufmerksamkeitsgesten und Liebesbeweise (Geschenke, Komplimente, Zärtlichkeit, mehr Sex).

- Er wird rot und wirkt wütend, wenn du dich mit anderen Männern unterhältst.

- Er beleidigt und beschimpft dich mit Wörtern, wie Schlampe und Hure oder nennt dich billig.

- Er hat psychosomatische Beschwerden (Magenprobleme, Bauchschmerzen, Durchfall, Migräne, schwitzen).

3.11. Wie erkennst du, dass sie eifersüchtig ist?

- Sie beschimpft und redet abfällig über die anderen Frauen, mit denen du zu tun hast. Sie nennt Frauen, die du kennst und die auf dich stehen Hure und Schlampe.

- Sie droht, diesen Frauen die Augen auszustechen, ohne es ernst zu meinen

- Sie untersucht heimlich deine Unterlagen, Handy, Laptop oder Hosentasche.

- Sie macht dir Vorwürfe, dass du sie nicht mehr schön findest.

- Sie jammert und bemitleidet sich selbst. Zum Beispiel: „Ich bin sowieso nicht attraktiv genug, nicht wie Marie", „Ich habe keinen großen Busen, wie Anne."

- Sie vergleicht sich ständig mit Frauen, die du kennst.
- Sie hasst sich selbst und fühlt sich als Versagerin.
- Sie misstraut dir.
- Sie greift die andere Frau an, schreibt ihr und fordert sie auf, dich in Ruhe zu lassen.
- Sie hasst die Frauen, die dich mögen und die Interesse an dir haben.
- Sie ist besitzergreifend und verbietet dir den Kontakt mit anderen Frauen.
- Sie ist wütend, wenn du anderen Frauen hinterherschaust.
- Sie hat plötzlich Kopfschmerzen und will nach Hause, weil eine andere Frau dich die ganze Zeit anstarrt.

- Sie reagiert zickig, beleidigt oder sogar wütend, wenn du dich mit einer anderen Frau unterhältst.

- Sie ist auf einmal reizbar, launig und macht dir eine Szene.

- Sie hat Verlustängste.

- Sie hat wenig Appetit oder sie isst aus Frust viel mehr.

- Sie ist sauer, wenn du dich stylst, weil sie Angst hat, dass Frauen aufmerksam werden.

- Plötzliche Aufmerksamkeitsgesten und Liebesbeweise (Geschenke, Komplimente, Zärtlichkeiten, mehr Sex).

- Sie hat psychosomatische Beschwerden (Magenprobleme, Magenkrämpfe, Bauchschmerzen, Durchfall, Migräne, Schlafstörungen, Schweißausbrüche).

3.12. Wie erkennst du, ob du eine Neigung zur Polygamie hast? Ob du nicht treu sein kannst und die Monogamie dir nicht gut tut?

Ich muss hier direkt erwähnen, dass die bloße Lust, fremdzugehen, noch nicht be-deutet, dass man ein Polygamist sein kann.

Wenn du mit anderen schläfst, weil der Sex mit deinem Partner nicht mehr pikant genug ist, oder weil du keine Lust mehr auf ihn hast; wenn du, weil du keine Gefühle mehr für deinen Partner hast, einen anderen suchst oder heimlich mit anderen flirtest; wenn du dich in einen anderen verliebst und

dadurch die Lust und Liebe zu deinem Partner verlierst:

...Dann ist die Polygamie nicht dein Ding!

Die Polygamie ist dein Ding, wenn folgende Verhaltensweisen zutreffen:

- Andere Menschen gefallen dir, obwohl du deinen Partner liebst.

- Andere Menschen erregen dich auch, obwohl
  du sexuell mit deinem Partner total zufrieden
  bist.

- Du kannst andere Menschen lieben, ohne
  Angst davor zu haben.

- Du schläfst mit anderen und hast danach noch
  mehr Lust auf deinen Partner.

- Deine Gefühle zu anderen behindern und beeinflussen nicht deine Liebe zu deinem Partner.

- Deine Sexualität zu deinem Partner leidet nicht darunter, wenn du mit anderen schläfst.
- Du stellst nie deine Beziehung und deine Gefühle für deinen Partner in Frage, wenn du Gefühle für jemand anderen hast.
- Du verlierst die Lust auf deinen Partner, wenn du nur immer mit ihm allein schläfst.
- Es ist für dich langweilig, immer mit der gleichen Frau/dem gleichen Mann zu schlafen, aber die Lust kommt sofort wieder, wenn du andere liebst.
- Deine Beziehungen mit anderen bereichern deine Beziehung mit deinem Partner.
- Du vergleichst die anderen nicht mit deinem Partner oder deinen Partner mit den anderen.
- Du hast längere Ringfinger im Vergleich zum Zeigefinger (Studien aus England)

3.13. Wie erkennst du, dass er/sie sich mit dir schämt?

- Er/sie geht nicht mit dir in die Öffentlichkeit.

- Er/sie stellt dir seinen/ihren Freundeskreis nicht vor.

- Er/sie unternimmt nichts mit dir zusammen.

- Wenn ihr zufällig auf der Straße einen Bekannten trefft, wirst du ihm nicht vorgestellt.

- Auf Firmenfeiern geht er/sie immer alleine.

- Er/sie will dich nie nackt sehen.

- Er/sie kritisiert dich ständig, wenn andere Leute da sind und belehrt dich, besonders in der Öffentlichkeit.

3.14. Wie erkennst du, dass die Beziehung langsam zu Ende geht oder gar beendet ist?

Diese Anzeichen können von beiden Partnern gleichzeitig, oder aber nur von einem empfunden werden:

- Der Partner sagt, dass er dich nicht mehr liebt.

- Der Partner will eine Beziehungspause oder eine Trennung auf Zeit.

- Der Partner hat keinen Respekt und keine Achtung mehr für dich.

- Der Partner geht fremd und verheimlicht es nicht mehr.

- Der Partner zieht sich immer mehr zurück und redet nicht mehr über seine Erlebnisse, Gedanken und Gefühle. Er kümmert sich auch immer weniger um deine Interessen oder um gemeinsame Hobbies und Aufgaben.

- Der Partner ist nur noch genervt, gereizt, schlecht gelaunt oder nörgelt nur noch.

- Der Partner kritisiert Dinge an dir und an deinem Verhalten, die er früher nicht kritisiert hat.

- Der Partner macht dir kaum noch Komplimente.

- Der Partner redet auch in der Öffentlichkeit zunehmend schlecht über dich.

- Der Partner ist nur noch streitsüchtig.

- Der Partner unternimmt immer mehr alleine.

- Der Partner erzählt nicht mehr, welche Pläne er hat.

- Der Partner erpresst dich emotional.

- Der Partner ignoriert deine Gefühle.

- Der Partner ist dir nur egal und du freust dich gar nicht mehr, ihn zu sehen.

- Der Partner will keine Versöhnungsgespräche und interessiert sich nicht mehr dafür, Kompromisse zu finden.

- Der Partner schenkt dir keine Zärtlichkeit mehr.

- Der Partner will immer weniger Sex und Berührung von dir.

- Der Partner erwidert deine Streicheleien nicht mehr.

- Der Partner kommt immer später nach Hause und schaut lieber Fernsehen, liest, telefoniert oder hängt an Laptop und Handy.

- Der Partner geht immer früher zur Arbeit.

- Der Partner wechselt kaum ein Wort mit dir, obwohl ihr gemeinsam auf der Couch sitzen und niemand sonst im Raum ist.

- Der Partner will immer mehr alleine essen, verreisen oder ausgehen.

- Der Partner hat neue Interessen, die er ohne dich auslebt.

- Der Partner fängt an, sich zu schämen. Er will dich nicht mehr nackt sehen und zeigt sich selbst auch nicht mehr nackt.

3.15. Wie erkennst du, dass dein Partner dich nur ausnutzt?

- Der Partner ist nur nett zu dir, wenn er etwas von dir will.

- Dein Partner ist neidisch auf dich.

- Dein Partner freut sich nicht über deine Erfolge.

- Der Partner lässt dich im Stich, wenn du seine Hilfe brauchst.

- Der Partner verschwindet nach dem Sex mit dir sofort.

- Der Partner verleugnet dich und will sich nicht mit dir in der Öffentlichkeit zeigen.

- Der Partner stellt dich seiner Familie oder Freunden nicht vor.

- Der Partner ist unehrlich, lügt und klaut sogar.

- Dein Partner vergleicht sich ständig mit dir.

- Der Partner macht dir zu viele Komplimente, selbst wenn sie unpassend sind.

- Der Partner macht viele Versprechungen, gibt sich aber keine Mühe, diese zu halten.

- Der Partner spricht kaum über gemeinsame Zukunftspläne.

- Der Partner plant viele Projekte, die er mit dir machen will, hat aber am Abend die Hälfte schon vergessen oder widerspricht sich selbst.

- Der Partner ist zu oberflächlich und undurchsichtig.

- Der Partner nimmt fast immer und gibt selbst nichts, außer Versprechen.

- Der Partner findet immer einen Grund, warum er für gemeinsame Dinge nicht zahlen kann oder keine Zeit investieren kann.

- Der Partner macht Zukunftspläne, ohne dich einzubinden oder macht überhaupt keine Pläne mehr.

- Der Partner sagt, er würde dich lieben, geht aber oft fremd (vor allem in europäischen Beziehungen).

- Den Partner interessiert es nicht, wie es dir geht.

- Der Partner erpresst dich mit Liebesentzug, um etwas zu bekommen oder dich dazu zu bringen, etwas Bestimmtes zu tun.

3.16. Wie erkennst du, dass dein Partner dir nicht gut tut?

- Du fühlst dich nicht geliebt und nicht geehrt, egal wie positiv du die Beziehung sehen willst.

- Zweifel, ob er dich liebt und ob er der Richtige ist, kommen immer wieder auf und lassen sich nicht vertreiben.

- Du bist unglücklich und ständig deprimiert.

- Du hast Angst.

- Dein Partner ist gewalttätig, sei es körperlich oder verbal.

- Du schämst dich für dich selbst oder für den Partner.

- Du fühlst dich nicht frei und entspannt.

- Du kritisierst dich selbst ständig und machst dir auch ständig Vorwürfe.

- Du hast das Gefühl, dass du dich ständig aktiv bemühen musst, um ihm zu gefallen.

- Dein Selbstvertrauen und Selbstbewusstsein leiden unter der Beziehung.

- Du hast Minderwertigkeitskomplexe, und du fühlst dich hässlich.

- Du kannst dich nicht fallenlassen.

- Der Partner kontrolliert dich zu sehr.

- Dein Partner versucht, über dich zu bestimmen.

- Dein Partner kritisiert dich die ganze Zeit.

- Dein Partner verachtet dich.

- Du stagnierst mit allem, seitdem ihr zusammen seid. Du kommst beruflich und gesellschaftlich nicht weiter.

- Du ziehst dich zunehmend von Familie, Freunden und ähnlichem zurück.

- Du hast ständig Muskelkater, Schlafstörungen, Essstörungen Migräne und andere psychosomatische Beschwerden (Depressionen, Magen-Darm-Probleme, Durchfall, Kopfschmerzen, Bauchschmerzen, schmerzhafte Regel, Hautprobleme, gravierende Gewichtszunahme oder Gewichtsabnahme), seitdem ihr euch kennt.

3.17. Was turnt Männer bei einer Frau ab?

Kennst du das auch? Du triffst einen Mann, der dir sagt, dass er dich liebt und alles tut, um dich zu bekommen – und von heute auf morgen ist er ohne Grund verschwunden oder liebt dich nicht mehr, ist distanziert und will nicht mehr mit dir schlafen, dich küssen, deine Nähe spüren? Das hat oft Gründe, die Männer leider kaum aus-sprechen. Laut einer Umfrage meinerseits waren sich die Männer in drei Punkten sehr einig: Hier sind diese drei Gründe, warum Männer sich plötzlich anders verhalten, sich zurückziehen oder nicht mehr mit dir schlafen wollen:

- An erster Stelle: Push-ups. Für Männer ist dies Betrug, denn die nackte Wahrheit sieht anders aus als das, was der Mann erwartet hatte.

- Zweitens stellt auch das Verstecken von Fett-stellen mit bestimmter Kleidung einen Betrug dar.
- Ein dritter Betrug ist das Schminken, um die die Haut schöner aussehen zu lassen. Nach dem Knutschen, dem Sex, oder am Morgen danach sieht der Mann etwas anderes.

Die große Mehrheit der Männer, mit denen ich sprach, sahen diese drei Punkte als diejenigen, die sie bei einer Frau am meisten als abturnend emp-fanden. Viele nannten dies sogar Betrug. Fast alle dieser Männer behaupteten, dass sie damit kein Problem hätten, wenn der Busen einer Frau klein ist oder hängt. Genauso hätten sie nichts gegen ein bisschen weibliches Fett an Frauen. Deswegen ver-stehen sie nicht, warum Frauen versuchen, Dingen zu vertuschen, die gar kein Problem sind. Erst das

Vertuschen an sich macht dann die Männer aufmerksam.

Weitere Dinge, die Männer abturnend finden:

- Frauen mit Minderwertigkeitskomplexen.
- Mannsweiber hassen Männer am meisten. Mit Mannsweib ist eine Frau gemeint, die sich wie ein Mann anzieht, verhält und redet.
- Unsauberkeit: Frauen, die nicht sauber sind und zum Beispiel riechen. Frauen, die zu einem Treffen mit einem Mann ungeduscht kommen und untenrum und unter den Achseln riechen.
- Dreckige und ungepflegte Fingernägel.
- Dreckige und ungepflegte Füße.
- Frauen mit Haaren auf Oberlippe und Kinn.
- Frauen mit schmutziger Unterwäsche.
- Wenn Frauen sich für ihre Figur und ihr Aussehen schämen (dies ist oft erst der Grund, wa-

rum Männer solche angeblichen Mankos erkennen).

- Frauen, die im Bett wie ein Brett liegen und inaktiv sind.

- Frauen, die meckern und zicken.

- Frauen, die egoistisch sind.

- Frauen mit schlechten Zähnen.

- Frauen, die unnatürlich wirken und wie Puppen aussehen.

- Frauen mit Silikonbusen und Botox.

- Frauen mit männlichem und hartem Händedruck.

- Frauen, die unpassende, zu enge und sexy Kleidung anziehen, obwohl diese zu ihrem Körperbau nicht passt. So bewirken zum Beispiel zu enge Hosen, dass das Bauchfett auffällig übersteht oder der Hintern noch unförmiger aussieht).

- Frauen, die mit Schuhen mit hohen Absätzen nicht umgehen können und wie eine Ente hin und her hüpfen.
- Frauen, die betrunken sind.
- Frauen, die einen Orgasmus vorspielen.
- Frauen mit einer zu breiten Vagina.
- Frauen, die zu dünn sind.
- Frauen, die weißen Schleim an der Scheide haben.
- Frauen mit sehr flachem und dabei hängendem Hinterteil.

3.18.   Was turnt Frauen bei Männern ab?

- Wenn der Mann ungepflegt ist.

- Wenn der Mann schlechte Zähne hat.

- Wenn Männer einen schlechten Körpergeruch haben.

- Wenn der Mann Mundgeruch hat.

- Wenn Männer humorlos sind.

- Wenn Männer nach dem Sex fragen, wie es war.

- Wenn der Mann Sandalen mit Socken trägt.

- Wenn Männer beim Sex nur an sich denkt.

- Wenn Männer besoffen sind.

- Männer, die ordinäre und billige Parolen von sich geben.

- Wenn Männer den ganzen Tag im Joggingan-zug verbringen.
- Wenn Männer mit ihrem Besitz angeben.
- Männer, die hochnäsig sind.
- Männer mit zu kleinem oder zu großem Penis.
- Männer mit hängendem Po und Bauch.
- Wenn Männer zu dünn sind.
- Männer, die häufig und sinnlos lügen.
- Wenn Männer gewalttätig sind.
- Wenn Männer keine Manieren haben.
- Wenn Männer stehend pinkeln.
- Muttersöhnchen.
- Männer, die extrem eifersüchtig sind.

3.19. Was hassen Frauen beim Sex zu hören, zu sehen oder zu erleben?

Auch wenn Frauen aus Respekt für Männer nicht sofort sagen, was sie empfinden und was sie nicht mögen, bedeutet das nicht, dass sie zufrieden sind. Nicht nur der Sex an sich kann eine Frau ärgern. Beim Sex hassen Frauen...

- Wenn Männer Fragen stellen, wie: "Ist das gut?"; „War es gut?"; „Bist du gekommen?"; "Gefällt dir das?"

- Wenn Männer beim Sex den Namen einer anderen Person nennen.

- Wenn sich Männer nach dem Sex umdrehen.

- Wenn Männer beim Sex verzweifelt sind und auf Mitleid setzen, wenn sie zum Beispiel zu früh kommen oder ihn nicht hoch kriegen.

- Wenn Männer beim Sex völlig still und lautlos sind.

- Wenn Männer mit viel Speichel küssen.

- Wenn Männer beim Orgasmus kein Zeichen von sich geben.

- Wenn Männer Kondome nicht anziehen wollen und behaupten, dass Kondome ihre Erektion lahmlege.

- Wenn Männer zu direkt die Frau oral verwöhnen wollen, damit sie kommt.

- Wenn Männer zu früh kommen (was aber kaum eine Frau direkt zugibt).

- Wenn Männer einen sehr kleinen Penis haben (was ebenso wenige Frauen direkt zu geben).

- Wenn Männer zu ordentlich sind. Wenn sie sich beispielsweise ausziehen, muss die Kleidung bis auf die Unterwäsche sauber aufgehängt oder zusammengefaltet werden, damit nichts damit passieren kann.

- Wenn Männer beim Sex zu befehlshaberisch sind.

- Wenn Männer beim Sex zu sehr auf die Technik Wert legen und nach jeder Sekunde die Position wechseln.

- Wenn Männer beim Sex sichtlich nachdenken und sehr rational vorgehen.

- Wenn Männer ungeschickt und humorlos schmutzige Wörter sagen.

- Wenn Männer Sex nach Plan oder in einem vorstudierten festgelegten Schema durchziehen.

- Wenn Männer beim Sex schmerzhaft brutal sind.

3.20. Wie erkennst du, dass sie einen Orgasmus vortäuscht?

Sehr viele Frauen kommen gar nicht, wenn sie Sex mit ihrem Partner haben. Um den Mann glücklich und stolz zu machen, oder um den Sex zu beenden, täuschen sie oft einen Orgasmus vor. Frauen können sehr gut Orgasmen vortäuschen und alles echt aussehen lassen:

- Schau sie einfach direkt an und beobachte ihre Atmung. Du wirst sehen, dass sie zu regelmäßig atmet.

- Berühre ihre Klitoris nach dem Orgasmus. Die meisten Frauen sind dann an diesem Ort überreizt und wollen gar nicht, dass man sie dort berührt. Sie zucken regelrecht mit dem Becken weg.

- Sie kommt fast synchron mit dir, obwohl sie die ganze Zeit kein Zeichen gab, dass sie kurz davor ist.

- Wenn du in ihr bist, während sie kommt, solltest du spüren, wie sich der Vaginalmuskel zusammenzieht. Das Dilemma hierbei ist, dass Frauen den Vaginalmuskel kontrolliert zusammenziehen können. Jetzt kommt das Geheimnis: beim vorgetäuschten Orgasmus bleibt das Zusammenziehen konstant (denn sie will bewusst dem Mann zeigen, dass sie kommt). Beim richtigen Orgasmus ist das aber nicht so.

- Kurz bevor eine Frau kommt, spürt man kleine unkontrollierte, aber zittrige Stöße, die immer stärker und schneller werden und die mit einer tieferen Atmung und einem Seufzen zusammenhängen. Versuche, der Kombination zu folgen und du wirst sehen, dass sie nicht zusammenpassen. Frauen, die einen Orgasmus vortäuschen, können oft nicht gleichzeitig richtig stöhnen und die Stöße und Anspannung der Bauchmuskulatur ausgleichen. Es sind Reflexe, die diese Kombinationen ermöglichen.

- Wenn eine Frau sich beim Orgasmus zu sehr bewegt, ist die Chance hoch, dass er vorgetäuscht ist, denn beim Kommen schalten auch die aktivsten Frauen fast alle Bewegung ab und tun im letzten Moment nichts mehr, außer zu kommen.

- Schau ihr tief in die Augen und frage sie, ob sie gekommen ist. Du wirst die Wahrheit an ihrer Reaktion erkennen.

3.21. Wie erkennst du, dass er einen Orgasmus vortäuscht?

Auch Männer täuschen Orgasmen vor. So kann er dies getan haben (Wobei es immer Ausnahmen gibt!):

- Er ist nach dem Orgasmus immer noch munter und aktiv. Normalerweise liegen Männer erregungslos da, wenn sie gekommen sind.

- Sein Penis steht immer noch hoch, obwohl er gekommen ist.

- Er schubst deine Hände nicht weg, wenn du seinen Penis sofort danach berührst.

- In dem Kondom oder in dir siehst oder fühlst du kein Sperma.

3.22. Wie erkennst du, dass der Sex ihm keinen Spaß gemacht hat?

- Nach dem Sex entfernt er sich von dir. Er geht ein Bier holen, auf die Toilette oder eine rauchen, kommt zurück und setzt sich nicht mehr zu dir.

- Nach dem Sex zieht er sich an und will keinen Körperkontakt mehr, bleibt aber nett.

- Der Partner redet danach wenig.

- Nach dem Sex verschwindet er im Bad und „holt sich einen runter".

- Der Mann will nach dem Sex sofort gehen und erfindet ein Alibi.

- Auch nach einer Pause, will er nicht noch einmal anfangen.

- Er verabschiedet sich förmlich nett, mit „Wir sehen uns" oder „Ich melde mich wieder".

- Er versucht, nett zu sein, aber schaut dir nicht mehr in die Augen.

- Sein Gesichtsausdruck, allein für einen kurzen Moment, sagt alles.

- Er will nicht mehr mit dir schlafen.

- Der Partner verzieht das Gesicht.

- Er verabschiedet sich und bedankt sich nicht für den netten Abend.

- Er bittet dich sehr freundlich, zu gehen, beziehungsweise gibt dir zu verstehen, dass du gehen sollst (z.B. „ich muss früh raus", obwohl dies vorher kein Thema gewesen war).

3.23. Wie erkennst du, dass der Sex ihr keinen Spaß gemacht hat?

- Sie versucht, dir das schlechte Gewissen zu nehmen, obwohl du nichts gesagt hast.

- Sie ist übermäßig freundlich und mütterlich zu dir und lacht zu aufgesetzt.

- Sie relativiert und entschuldigt, wenn du zu früh gekommen bist: „Das ist nicht schlimm"; „Das ist normal"; „Das ist doch nicht alles"; „Man ist keine Maschine"; „Sex ist kein Leistungssport".

- Über die Penisgröße sagt sie danach (und nicht vorher, bevor sie dich nackt gesehen hat) „Na ja, es kommt nicht auf die Größe an". Das ist ein Zeichen, dass du sie nicht befriedigt hast.

- Sie will danach gehen oder steht auf und fängt an, deine Wohnung und Bücherregale zu bewundern, anstatt mit dir zu kuscheln.

- Sie sagt dir: „Lass es so, es ist gut, es reicht mir, es war schön."

- Sie befriedigt sich selbst, obwohl du dachtest, dass der Sex vorbei ist.

- Sie ist am Anfang aktiv, bewegt sich oft, stöhnt und wird langsam immer ruhiger und fast stumm.

- Sie zieht ihren BH und Unterhose sofort danach an, auch wenn sie bei dir bleibt.

- Sie nimmt sofort danach ein Buch oder ihr Handy und tut so, als ob sie liest oder eine SMS schicken möchte.

- Sie will auch nach einer Pause keinen Sex mehr.

3.24. Wie erkennst du, dass sie dich für einen Versager im Bett hält?

- Nach dem Sex tröstet sie dich.

- Sie ist zu nett zu dir, will aber dennoch nicht noch einmal mit dir schlafen.

- Sie relativiert nach dem Sex die Penisgröße und die vorzeitige Ejakulation.

- Sie findet Rechtfertigung für deine Defizite, wie z.B. „Ja verstehe, du hattest sicher einen stressigen Tag"; „Ja, wir haben viel getrunken" oder „Du bist müde".

3.25. Wie erkennst du, dass dein Partner sich vor deinem Körper oder deinen Körperteilen ekelt, oder ihn etwas an dir stört?

- Er freut sich, dass du dich ausziehst, aber währenddessen ändert sich sein Gesichtsausdruck, auch wenn er versucht, dies durch Lächeln zu verbergen.

- Das Körperteil, das ihn anekelt, wird von vorneherein gemieden, selbst wenn du es „anbietest".

- Er vermeidet Körperkontakt und Nähe.

- Er will dich nicht nackt sehen.

- Er will kaum noch Sex mit dir.

- Er dreht den Kopf weg, wenn du ihn küssen willst.

- Er kriegt ihn nicht hoch oder sie wird nicht feucht, wenn er oder sie dich nackt sieht.

- Er kriegt ihn hoch, doch sobald du nackt bist, verschwindet die Erektion.

- Er tut alles, um dem Beischlaf mit dir zu entgehen und erfindet Erklärungen.

3.26. Wie erkennst du, dass du/er Potenzprobleme hast/hat?

- Er hat Lust, kriegt ihn aber nicht hoch, trotz mehreren Versuchen, Verwöhn-Programm und Vorspiel.

- Der Penis wird nicht richtig hart.

- Er kann die Erektion nicht oder nicht lange halten.

- Er kommt zu früh, auch beim zweiten Mal und dritten Mal hintereinander.

- Er weigert sich, mit dir zu schlafen, obwohl es keinen Grund dafür gibt.

- Er tut alles, um dem Beischlaf mit dir zu entgehen und erfindet Erklärungen.

- Er ist nervös und unsicher wenn es um Sex geht.

3.27. Wie erkennst du, dass deine Impotenz keine Krankheit ist, sondern mit deiner Partnerin zu tun hat?

- Wenn du ihn mit anderen Frauen hoch kriegst und eine normale Erektion hast.

- Wenn du ihn normal hoch kriegst, wenn du allein masturbierst.

- Wenn deine Lust verschwindet, sobald du an sie denkst.

- Wenn du eine normale Erektion hast und diese weggeht, wenn sie sich auszieht oder mit dir schlafen will.

- Wenn du beim Pornoschauen erregt bist und eine Erektion bekommst.

- Wenn du erregt bist, wenn du an andere Frauen oder Sexszenen denkst.

3.28. Wie erkennst du, dass du homosexuell, schwul oder lesbisch bist?

Zu diesen Fragen haben sich viele Leuten bei mir gemeldet und mir von ihren Erfahrungen erzählt. Ganz genaue Anzeichen gibt es sicher nicht, aber es gibt allgemeine Merkmale, an denen du merken kannst, dass du schwul oder lesbisch bist:

- Du stellst dir ständig die Frage, ob du schwul oder lesbisch sein könntest.

- Du fühlst dich zu gleichgeschlechtlichen Personen hingezogen.

- Kleine Körperberührungen mit Gleichgeschlechtlichen machen dich an.

- Du findest Lächeln, Verhaltensweisen oder sogar die Art, zu gehen oder sich zu bewegen bei gleichgeschlechtlichen Menschen erotisch, und es wirkt manchmal sexuell auf dich. Obwohl du an nichts Bestimmtes denkst, schaust du ab und zu auf den Po gleichgeschlechtlicher Personen, wenn sie an dir vorbeigehen.

- Du spürst Liebesgefühle und sexuelle Erregung für Gleichgeschlechtliche.

- In deinen sexuellen Fantasien geht um Gleichgeschlechtliche.

- Der Gedanke an Sex mit Gleichgeschlechtlichen erregt dich.

- Das andere Geschlecht zieht dich nicht erotisch an.

- Du interessierst dich sexuell nicht für das andere Geschlecht.

- Der nackte Körper des anderen Geschlechts lässt dich kalt.

- Manche haben das Gefühl, in einem falschen Körper zu sein und fühlen sie sich gedanklich in einem anderen Geschlecht wohler, auch wenn sie nichts an sich ändern wollen.

- Du blätterst in einem Männermagazin und findest Männer darin „süß"; das gleiche gilt für Frauen.

3.29. Wie erkennst du, dass du auf Schwarze stehst?

- In deinen sexuellen Fantasien kommen nur Schwarze vor.

- Du stehst auf schwarze Körper, die du sooooo süß findest.

- Menschen anderer Hautfarbe interessieren dich nicht und werden von dir gar nicht als erotisch betrachtet.

- Wenn du irgendwo bist und ein schwarzer Mensch kommt oder geht vorbei, wirst du aufmerksam oder drehst dich sogar um, um den Hintern sehen zu können.

- Wenn ein schwarzer Mensch dich anspricht, wirst du rot und aufgeregt und dein Herz schlägt schneller.

- Seit langem träumst du davon, schwarze Kinder zu haben.

- Du magst gemischte Kinder. Wenn du dir vorstellst, Kinder zu haben, sind diese immer schwarz.

- Du bewunderst schwarzen Menschen im Fernsehen (Sportler), in Magazinen und ähnlichem und interessierst dich für Dinge, die mit Schwarzen zu tun haben (wie von Schwarzen geschriebene Bücher).

3.30. Wie erkennst du eine sexuelle frustrierte und unbefriedigte Frau?

In Afrika lehrte man uns, dass ein Zusammenhang zwischen sexueller Befriedigung bzw. Gesundheit und der allgemeinen Lebenszufriedenheit besteht. Wissenschaftliche Studien und Untersuchungen bestätigen diese Urerkenntnis. Sexuelle Frustration bei Frauen lässt sich schneller und einfacher erkennen als bei Männern, da Männer sich Schlupflöcher suchen können, durch die sie die Frustration auch stillen können. Eine sexuell frustrierte Frau kann Sex auch schön finden, aber sie hat kein aktives Interesse daran. Wenn es dennoch dazu kommt, kann sie ihn wohl genießen, was aber nicht dazu führt, dass sie von sich aus wieder Sex sucht oder haben möchte.

Anzeichen einer sexuell frustrierten Frau sind:

- Sie ist launisch.

- Sie sieht genervt und gestresst aus.

- Sie hat viele Falten im Gesicht, obwohl sie nicht alt ist, beispielsweise auch Tränensäcke und Schwellungen unter den Augen.

- Sie hat Zornesfalten auf der Stirn.

- Sie ist ständig unzufrieden mit sich und mit allem.

- Sie verspürt kein aktives Interesse an Sex.

- Sie hat und spürt Druck, weil die Energie sich aufstaut.

- Sie hat depressive und aggressive Züge.

- Sie meckert über alles.

- Sie ist beziehungsunfähig.

- Sie ist verklemmt.

- Sie hat Minderwertigkeitskomplexe.

- Sie ist negativ und unglücklich.

- Sie ist unsensibel und hart.

- Sie mag ihr Aussehen und ihren Körper nicht.

- Sie hat oft psychosomatische Beschwerden, wie Migräne, Kopfschmerzen oder muskuläre Probleme.

- Sie hat oft Schwindelgefühle.

- Sie hat emotionale Störungen und Blockaden.

- Sie ist wenig leistungsfähig, antriebslos und oft krank.

- Sie hat Essstörungen mit Heißhungerattacken.

- Sie isst viele Süßigkeiten.

- Sie hat Schlafstörungen und sieht immer un-ausgeschlafen aus.

- Sie bekommt oft Pickel.

3.31. Wie erkennst du, dass eine Frau gut im Bett ist?

Es kommt auf den Inhalt an und nicht auf die Schönheit. Woher weiß der Mann, dass er einen Volltreffer gelandet hat?

- Ihre Formen sind weiblich (was kein Synonym für dick ist, auch dünne Frauen können sehr weiblich sein).

- Sie kann gut tanzen.

- Sie ist biegsam und nicht steif.

- Sie kann ihre Hüfte gut bewegen (Hüftschwung). Hat eine Frau im Beckenbereich Muskelblockaden, kann das ihren Gang und ihre Orgasmus-fähigkeit beeinträchtigen. Dies ist eine afrikanische Weisheit, die im „Journal of Sexual Medicine" bestätigt wurde.

- Sie hat volle Lippen.

- Sie hat starke und kräftige Beine.

- Sie hat einen gut sichtbaren und keinen flachen Po.

- Sie isst gern scharf.

- Sie isst gern und hat guten Appetit.

- Beim Gespräch sendet sie *unbewusst* Sexsignale (Achtung, wenn sie bewusst sind, dann aufpassen). Du merkst das an ihrer Nase, an der Zunge und an den Lippen. Signale mit den Augen helfen nicht viel.

- Unfehlbare Erkenntnis, ob eine Frau gut im Bett ist, kann man an Fingern und der Handfläche ablesen (afrikanische Weisheit).

3.32. Wie erkennst du, dass ein Mann gut im Bett ist?

- Er ist männlich und riecht wild nach „Mann".

- Er hat einen aufrechten Gang.

- Er kann gut tanzen und bewegt sich sehr rhythmisch.

- Er kann gut küssen.

- Er ist biegsam und flexibel in der Hüfte (beim Tanzen und Bewegen erkennbar).

- Er hat große (mehr in die Breite gehende), kräftige Hände.

- Er ist gelassen und ruhig.

- Er ist nicht sehr ordentlich und konventionell.

- Er ist ein bisschen verrückt.

- Er hat ein schönes Lachen und lacht auch gern.

- Er ist selbstsicher, selbstbewusst und selbstbestimmt.

- Er strahlt Selbstvertrauen aus und weiß, was er will.

- Er macht keine Machosprüche.

- Er weiß, was Sache ist und handelt auch.

- Er ist charmant und hört zu.

- Er ist nicht arrogant.

- Er isst gern scharf.

- Er geht offen mit seiner Sexualität um und kennt dabei keine Scham.

- Er strahlt Selbstsicherheit aus, aber ohne dabei aufbrausend zu sein. Du spürst einfach seine Stärke und sein Können.

- Beim Gespräch ist er zuvorkommend und konzentriert sich auf dich.

- Er entkleidet dich mit seinen Augen, indem er direkt in deine Augen schaut und dir dabei das Gefühl gibt, er begutachtet jeden Punkt deines Gesichts.

- Er hat Geheimnisse, ist versteckt, kann schweigen und ist enigmatisch.

3.33. Wie erkennst du, ob er NUR Sex will?

- Nach dem Sex will er immer gehen.
- Er zeigt sich nie mit dir in der Öffentlichkeit.
- Er stellt dich seinem Umfeld nicht vor.
- Er vermeidet Kontakt mit deinem Umfeld.
- Ihr trifft euch immer drinnen.
- Er sagt dir immer, dass er noch Zeit braucht.
- Er ruft selten an.
- Er meldet sich selten bei dir und wenn er dich sieht, will er nur Sex und hat keine Zeit für ein einfaches Gespräch.
- Er redet ständig über andere Frauen.
- Er kümmert sich wenig, ob du sexuell befriedigt bist. Nach seinem Orgasmus ist er mit allem fertig.

- Er will nicht wirklich wissen, wie es dir geht und ob dir etwas Sorge bereitet.

3.34. Wie erkennst du, dass du schwanger bist?

- Deine Menstruation bleibt aus.

- Die Brüste werden größer und empfindlicher.

- Du spürst Spannungsgefühl in den Brüsten.

- Du leidest unter Übelkeit und hast Brechreiz.

- Dir ist schwindlig.

- Deine Brustwarzen färben sich dunkel.

- Du hast Heißhungerattacken.

- Du willst bestimmte Lebensmittel nicht mehr essen, sie ekeln dich an oder du hast plötzlich Lust auf ganz andere Lebensmittel als früher.

- Deine Schamlippen werden stärker durchblutet.

- Deine Schamlippen färben sich dunkler.

- Du hast eine erhöhte Basaltemperatur.

- Du bist ständig müde und hast Kreislaufbeschwerden.

- Du brauchst viel mehr Schlaf als früher.

- Deine Bauchgegend schwillt an.

- Du lässt häufiger als sonst Wasser.

- Du hast Sodbrennen.

- Deine Stimmung schwankt hormonell bedingt.

- Deine Schwangerschaftstests sind positiv.

3.35. Wie erkennst du deinen Eisprung?

Durch Pillen, Deos, schlechte Ernährung und Hektik reagiert der Körper der Frau nicht mehr verlässlich natürlich auf biologische Phänomene, beziehungsweise die Daten werden verfälscht. Somit fallen natürliche Signale weg oder werden nicht mehr wahrgenommen.

Während meiner Lehre in Kamerun habe ich erfahren, dass unser Körper eigentlich immer „spricht". Alles was in uns passiert, kann man von außen erkennen, wenn man aufmerksam ist. Es ist UNMÖGLICH, dass etwas in uns und mit uns passiert, ohne dass es dafür Signale und Zeichen gibt. Wir können sie nur einfach nicht lesen. Genauso verhält es sich mit dem Eisprung. Der Eisprung ist, wie auch die Menstruation, ein sehr wichtiger Moment im Leben einer Frau. Wichtige Transformationen geschehen im Körper. Zu behaupten, dass dieser starke hormonelle Angriff keinen Einfluss auf den Körper und die Psyche der Frau hat, passt einfach sehr gut zu einer Gesellschaft, die der Frau ihre Weiblichkeit entziehen will. Es gibt genügend Signale und Anzeichen. Entgegen allgemeiner Annahme, können auch aufmerksame Männer, die mit einer Frau in einer Beziehung sind, in der Sex regelmäßig und normal ist, ungefähr fühlen, wann eine Frau ihren Eisprung hat. Meine Tests hierfür waren allesamt positiv.

Diese Anzeichen deuten häufig auf einen Eisprung hin:

- Du duftest und riechst sehr angenehm, viel angenehmer als normalweise während unfruchtbaren Zeiten. Dies hat dieselbe Funktion wie bei Tieren, denn damit verführst du den Partner dazu, mit dir zu schlafen. In dieser Phase ist die Wahrscheinlichkeit, schwanger zu werden, nämlich größer. Dieser ganze Vorgang geschieht unbewusst im Körper.

- Deine Körpertemperatur steigt an.
- Du bekommst eine kleine Blutung (Ovulationsblutung).
- Du hast mehr Lust auf Sex und bist sexuell erregter.
- Der Sex ist intensiver.
- Die Muskeln in Unterleib-Vagina-Po Bereich ziehen sich oft zusammen.
- Du hast eine intensivere Wirkung auf deinen Partner.
- Deine Vagina schwillt an und ist stärker durchblutet.
- Deine Vaginalausflüsse verändern sich.

- Dein Busen ist lustempfindlicher und deine Brustwarzen erregter.

- Du strahlst mehr Freude und Schönheit aus.

- Du bist leicht aggressiv und angespannt.

4. Sexualität EXTRA:

Tipps und Tricks

Mehrmals selbst getestet!

Wie deine Vagina, Schamlippen, Klitoris oder dein Penis aussehen, ist bereits in deinen Genen festgelegt. Das heißt: Du kannst es dir nicht aussuchen, es sei denn, du hilfst mit unnatürlichen Mitteln nach. Dass die Art der Geschlechtsteile und ihre Formen zum großen Teil genetisch bedingt sind, bedeutet aber auch, dass sie zu uns gehören, wie die Mimik auf unserem Gesicht. Auf diese Weise kann man sie auch erkennen.

Anhand von ganz spezifischen körperlichen Merkmalen wirst du die folgenden Fragen genau beantworten können.

Diese afrikanischen Geheimnisse werde ich dir aber nur verraten, wenn du bei mir nachfragst, oder die zweite Auflage dieses Buches liest...

Ich werde dir schon ein paar Anhaltspunkte geben, aber bedenke, dass natürliche Einflüsse, wie zum Beispiel das Kindergebären oder die Herkunft (weiß oder schwarz) diese Zeichen beeinflussen können.

Durch ein bisschen Übung wird es mit dir mit der Zeit möglich sein, diese Zeichen mit fast 100 prozentiger Genauigkeit zu deuten.

4.1 Wie erkennst du, dass sie noch eine Jungfrau ist, ohne sie anzufassen?

- Es kommt oft vor, dass Männer und Frauen versuchen, mit ihrer sexuellen Erfahrung anzugeben. Doch herauszufinden, ob es diese Erfahrungen wirklich gegeben hat, oder ob sie tatsächlich noch Jungfrau sind, ist eine Aufgabe, die ohne Übung schwer sein kann. Mit meinen Tipps in der nächsten Auflage dieses Buches und durch die Anwendung dieser wirst du aber genau erkennen, ob er oder sie dir die Wahrheit erzählt hat.

4.2 Wie erkennst du, wie gut bestückt (dick und lang) ein Mann ist?

- Po
- Hand
- Finger
- Mund/Lippen

4.3 Wie erkennst du, wie eng eine Frau ist?

- Po
- Mund
- Lippen

4.4 Wie erkennst du, welche Art Vagina/ Klitoris sie hat?

- Po
- Hand
- Finger

4.5 Wie erkennst du, wie der Busen (die Nippel) einer Frau aussieht?

- Po
- Hand
- Finger
- Fingernagel

5. Das Leben des Autors

Anders sein, anders sehen, anders handeln, damit etwas Erfrischendes herein kommt.

Mein Name ist Dantse Dantse, ich bin gebürtiger Kameruner und Vater von fünf Kindern, die zum Teil schon studieren. Meine Hobbys sind schreiben, joggen, träumen, und Gott und alles, was er gemacht hat bewundern und lieben.

Als ältester Sohn einer afrikanischen „Truppe" von 8 Kindern meiner Mutter und als Drittältester Sohn und siebtes aller Kinder meines verstorbenen Vaters, der insgesamt 25 Kinder mit drei amtlich verheirateten Frauen hatte, war mein Leben immer ein spannender Film, seit ich ein Kind war. Alle Kinder und alle Frauen wohnten zusammen in einer Anlage, die Kinder in einem Haus und der Vater und seine Frauen in einem separaten Haus. Wir aßen alle zusammen, spielten zusammen. Eine Frau kochte für alle Kinder. Wir Kinder haben immer eine Ansprechpartnerin gehabt, denn jede einzelne Frau war unsere Mutter. Wenn die eigene Mutter verreist war, kümmerte sich die andere Mutter um dich. Diese Erfahrung muss man machen. Das ist etwas Besonderes, man lernt zu teilen, zu lieben, mit 24 gleichwertigen anderen. Automatisch ist die Definition von wichtigen Werten, wie Geben, Teilen, Gefühle, Liebe, Eifersucht, Geduld, Verständnis zeigen uvm. anders als bei Kindern einer sogenannten „normalen" Familie. Wenn du aus so einer Familien komme, trägst erfährst du so viele Sachen, die dich im Leben weiterbringen. Du lernst viel, weil du schnell lernen musst, um nicht runterzufallen.

Mein Leben ging auch im Erwachsenenalter spannend weiter, nicht nur, weil ich Vater von fünf Kindern von unterschiedlichen, schönen Frauen aus unterschiedlichen Kulturen bin, sondern auch, weil ich Grenzerlebnisse hatte, seien sie gut oder schlecht, die mich geformt haben. Ich habe viele Menschen verloren und viele dazu gewonnen. Ich habe so viele schöne Dingen erlebt, aber auch sehr schmerzhafte Erfahrungen gemacht. Ich habe in meinem Leben fast alles probiert, denn ich bin ein Mensch, der ständig das Neue sucht und vor Risiken keine Angst hat, der bereit ist, bis zum Ende zu gehen, um zu wissen, was aus etwas wird.

Frauen waren und sind immer meine Leidenschaft gewesen, auch heute noch, wenn auch nicht mehr in diesen Mengen. Ein kleiner Star war ich immer gewesen, mein Star. Ich brauchte nicht den Erfolg von Robbie Willams, um bei den Frauen anzukommen. Frauen haben somit mein Leben sehr geprägt. Wichtig dabei ist, dass ich mich nicht verloren habe, sondern im Gegenteil mich stetig weiterentwickelt habe. Viele kennen mich als jemanden, der unkonventionell denkt und lebt, der sehr positiv ist, der ein guter Vater ist, dem die Freiheit (die innere und die äußere) fundamental wichtig ist, der an das Gute im Menschen glaubt, trotz mancher unschöner Vorfälle, der hilfsbereit ist und gerne verzeiht, kurz, als eine Person, die glücklich ist, wie sie ist, aber dennoch weitermacht.

Beruflich passierte sehr viel, vom Studium bis heute. Ich habe unterschiedliche Dinge gemacht, und dabei habe ich nicht immer die Rahmenbedingungen beachtet, denn die bremsen meistens. Ich lebe und arbeite seit über 25 Jahren in Deutschland und arbeite heute als Erfolgs-Coach und Marketingberater. Ich berate Menschen und Firmen, wenn sie nicht mehr wissen, wie es weitergeht! Vor dem Coaching gab es, wie gesagt, noch vieles anderes: Studium,

Geschäftsführer, Außenhandel, Firmengründer, Internet, PR, und, und, und...

Die Idee zu schreiben habe ich schon als Kind gehabt, aber erst die Erfahrungen aus meiner Tätigkeit als Berater und Coach brachten mich dazu, mein Hobby in die Tat umzusetzen. Da mein afrikanisch-inspiriertes Coaching gerade immer mehr Deutsche anspricht und ihnen hilft, habe ich mich auf Anraten einer Kundin entschlossen, meine Erfahrungen und Ratschläge in Büchern weiterzugeben.

Meine Begeisterung für alles, was mit Menschen zu tun hat ist fast selbstverständlich:

1.   Seit 23 Jahren bin ich Vater und Erzieher von mehreren Kindern aus verschiedenen Kulturkreisen, dem afrikanischen und dem europäischen. Das macht für mich als Vater die Erziehung jedes Kindes anders und spannend, aber auch herausfordernd.

Durch diese Kinder habe ich außerdem viele anderen Kinder und Eltern kennengelernt.

2.   Durch meine Erziehung habe ich gelernt, dass Werte und Persönlichkeit sehr wichtig sind. Mein Vater, der beruflich sehr aktiv war als Politiker und hoher Beamter des Landes, fand immer Zeit am Wochenende, um uns Geschichten zu erzählen und Lieder beizubringen. Wir saßen dann stundenlang im Dunkel auf der Wiese vor unseren Häusern (dem Haus der Eltern und dem Haus der Kinder) und hörten ihm zu, seine Geschichte hatte immer mit etwas zu tun, was uns beschäftigte oder was uns als Individuum stärken würde. Er konnte aus einem Zitat aus der Bibel eine herzliche Geschichte erzählen. Diese Geschichten sind Jahrzehnte später immer noch in meinem Kopf. In Afrika sagt man, erst ein starker Mensch als Individuum macht eine starke

Gesellschaft. Anders herum ist es ungesund. Die Gesellschaft wäre zwar stark, aber die Menschen darin kaputt und krank. Deswegen sollte jedes Kind seinen eigenen Weg suchen und finden und sich nicht immer dem Diktat der Allgemeinheit beugen. Alleine dastehen bedeutet nicht, dass die anderen Recht haben und auf Seite der Wahrheit stehen, nur weil sie viele sind. Du kannst Recht haben und sie alle nicht. Man sollte keine Angst haben, den Weg zu nehmen, den kein anderer nimmt. Man kann es Sonderweg nennen. Dein Weg aber ist der richtige für dich.

Die Kinder, sagte mein Vater, müssen mit Werten und Liebe zur Selbständigkeit und Unabhängigkeit erzogen werden. Kinder müssen so erzogen werden, dass sie aus eigenen Kraft das Gute vom Schlechten trennen können, erkennen können, was ihnen gut tut, damit sie der Gesellschaft auch Gutes tun können. Die Kinder müssen so erzogen werden, dass sie glücklich sind und das Vertrauen haben, dass sie auch nach schwierigen Zeiten, die immer im Leben eines Menschen kommen, trotzdem weiter glücklich sein werden.

Solche Lehre begleitete mich, und mit der Zeit war ich auch immer mehr davon überzeugt, dass das wichtig ist. Wir sehen in den westlichen Ländern, wie die Gesellschaft stark ist, aber viele Menschen schwach und krank sind.

In einer solchen Großfamilie musst du bestimmte Eigenschaften und Strategien entwickeln, um auf dich aufmerksam zu machen, ohne den anderen zu schaden. Vieles das dich sehr beschäftigt, passiert schon in sehr frühem Alter, unter anderem ist der Kampf um die Gerechtigkeit und Gleichheit zwischen allen Geschwistern gegenüber den Eltern sehr bedeutend. Da die Eltern nicht so viel Zeit für dich haben, wie in einer Familie mit nur zwei Kindern, musst du sehr aufmerksam sein und mancher deiner Probleme alleine lösen. Das bedeutet, dass du schon als Kind Philosoph, Psychologe und Therapeut bist.

Als ältester Sohn musste ich, nach der afrikanischen Kultur, schon sehr früh praktisch die Funktion eines Erziehers (hier Vater und Mutter) übernehmen. Dafür wurde ich auch speziell geschult. Das Beste dabei war, dass man die ältesten Kinder geschlechtsneutral ausbildete, damit sie gleichzeitig die Funktion von Papa und Mama übernehmen können. Das heißt, dass ich Papa und Mama bin, seitdem ich 10 war. Und heute freue ich mich sehr, diese Erfahrungen gemacht zu haben, und dass ich die Chance hatte, meine jüngeren Geschwister mit zu erziehen und viel daraus für mich zu lernen. All das hat mir sehr bei der Erziehung von meinen eigenen Kindern geholfen. Aus diesen Erfahrungen habe ich sehr viel gelernt und viel Wissen gesammelt, das man kaum aus Büchern lernen kann.

3. Als Coach und Berater habe ich viele Menschen, Frauen, Männer, Paare, Kinder aus unterschiedlichen Kontinenten, Kulturen, sozialen und beruflichen Kreisen betreut.

Ich schreibe, wie ich bin. Ich schreibe vielseitig, weil mein Leben auch vielseitig ist und keinen "normalen und üblichen und planmäßigen" Weg, wie die Menschen ihn gewohnt sind, genommen hat. Das wollte ich auch nie so haben. Ich war und bin die Art von Mensch, die man üblicherweise Lebenskünstler nennt. Unkonventionell, frei in meiner Person und in meiner Denkweise, unabhängig von Etabliertem, das ich aber voll respektiere. Meine Werte sind Liebe, Gerechtigkeit, Verzeihen können, Kulanz, Optimismus, Freigiebigkeit, Verantwortung tragen, Freiheit mit mir selbst und mit anderen und dazu noch guter Vater sein.

Fast alle meine Bücher beruhen auf wahren Begebenheiten. Ich schreibe Bücher über moderne Themen, die die Menschen und die Gesellschaft bewegen, Bücher über schwere Schicksale, Tabuthemen, Ethik und Moral, über Erziehung, über das Glück. Ich schreibe auch Ratgeberbücher und Kinderbücher mit interkulturellem Hintergrund, da meine Kinder in interkulturellen Verhältnissen leben. Ich bringe Erfahrungen aus zwei unterschiedlichen Kulturen mit, die ich vereinen musste, um meinen Kindern das Bestmögliche zu geben.

Dieses Wissen und diese Erfahrungen waren für Menschen, die meinen Rat gesucht haben, stets eine große Bereicherung.

Meine afrikanisch-inspirierten Tipps und Tricks helfen in allen Lebensbereichen von Kindererziehung über Partnerschaft, Sexualität, Gesundheit, Ernährung bis zum Glücklichsein. Auch noch so harte Nüsse können weichgekocht werden und das alles mit Liebe, Geduld, Konsequenz und Gerechtigkeit. Dafür ist es sehr wichtig sich selbst zu kennen, zu lieben und sich selbst zum Glücklichsein zu erziehen.

Mein Schreibstil ist authentisch und angenehm zu lesen. Die Wortwahl ist einfach, unkompliziert, verständlich, sowie deutlich. Meine Bücher sollen neugierig und nachdenklich machen und Spaß und Lust am Lesen wecken. Ich möchte meinen Stil unbedingt beibehalten, damit die Leser mich so kennen, so akzeptieren und durch ihn auch erkennen, dass ich kein gebürtiger Deutscher bin. Das ist mein Anreiz, auf Deutsch zu schreiben.

Lies meine Bücher, und du wirst verstehen, was ich über mich geschrieben habe.

Gerne können wir weiter streiten, diskutieren und ausdiskutieren und Frieden schließen. Gerne lese ich auch dein Lob.

Meine Autorenseite ist:

www.dantse-dantse.com

E-Mail: Leser@dantse-dantse.com

Meine Coachingseite ist:

www.mycoacher.jimdo.com

E-Mail: mycoacher@yahoo.de

Weitere Bücher von indayi edition

PRIMITIV DENKEN,
ERFOLGREICH SEIN

indayi
i
edition

Glücklich
und frei sein
wie ein Vogel,
das kannst du
auch !

Die 4 Glückssäulen der Primitiven:

DAS PRAXISBUCH
Inkl. zwei Dankes-Ritualen, die dein Leben radikal verändern

Glücksarchitekten
Glückstechniker
Glücksarbeiter
Glückshelfer

ermöglichen dir, glücklich zu sein
und es zu bleiben, egal was geschieht

DANTSE DANTSE

DANTSE DANTSE

„Ich hasse glückliche Menschen"

12 wahre Geschichten aus dem Leben

Jeder ist seines Unglückes Schmied
oder
Wie mache ich mich richtig unglücklich?

Ein Plädoyer für das Glücklichsein

DANTSES SCHATZKELLER
Die kleinen großen Weisheiten
für ein glückliches Leben

„Tu so, als ob du gestorben wärst,
und du wirst deine wahren Feinde erkennen"

Dantse Dantse